VOYAGE PITTORESQUE

ET HISTORIQUE

DU NORD DE L'ITALIE.

Bruun Neergaard.
Gentilhomme de la Chambre du Roi de Dannemark.

VOYAGE PITTORESQUE

ET HISTORIQUE

DU NORD DE L'ITALIE,

Par T. C. Bruun Neergaard,

<small>Gentilhomme de la Chambre du Roi de Danemarck, Membre honoraire de l'Académie des Beaux-Arts de Stockholm; de la Société royale d'Agriculture de Danemarck; de celles du département de la Seine, de Leipzig et de Celle; de la Société d'Histoire naturelle de la Wettéravie, de la Société des Sciences, Belles-Lettres et Arts d'Orléans; de la Société d'Amateurs des Sciences et Arts de Lille; de la Société des Sciences Physiques et Naturelles de Paris, et de la Société d'Encouragement pour l'Industrie nationale.</small>

LES DESSINS PAR NAUDET;

LES GRAVURES PAR DEBUCOURT, PEINTRE DU ROI ET CORRESPONDANT
DE L'ACADÉMIE DES BEAUX-ARTS DE FRANCE.

TOME PREMIER
AVEC 48 PLANCHES.

·A PARIS,

CHEZ L'AUTEUR, RUE DES PETITS-AUGUSTINS, N° 26.

DE L'IMPRIMERIE DE FIRMIN DIDOT, LIBRAIRE,
IMPRIMEUR DU ROI ET DE L'INSTITUT, RUE JACOB, N° 24.
1820.

A Sa Majesté

FRIDERICK VI,

Roi de Danemarck, des Wendes et des Goths, Duc de Schleswig, Holstein, Stormarn, de Dithmar, de Lauenbourg et d'Oldenbourg.

Sire,

L'accueil favorable que Votre Majesté daigne faire à toutes les productions qui intéressent les Sciences et les Beaux-Arts, m'a encouragé à solliciter l'honneur de faire paraître sous ses auspices l'ouvrage que je publie.

En consentant à recevoir l'hommage de mon Voyage Pittoresque et Historique du nord de l'Italie, Votre Majesté a comblé tous mes vœux. Elle m'accorde à-la-fois le plus puissant encouragement et la plus glorieuse récompense.

Je suis avec le plus profond respect,

Sire,

de Votre Majesté,

Le très-humble et très-obéissant Serviteur et fidèle Sujet,

T. C. Bruun Neergaard.

LISTE DES SOUSCRIPTEURS.

S. M. le roi de Danemarck.
S. M. le roi de France.
S. M. le roi de Prusse.
Monsieur, frère du roi de France.
S. A. R. le prince héréditaire de Prusse.
S. M. Madame la princesse impériale Marie-Louise, archiduchesse d'Autriche, duchesse souveraine de Parme.
Le prince Frédéric-Ferdinand de Danemarck.
Le prince Guillaume de Prusse, fils du roi.
Le duc d'Oldenbourg.
Le duc de Holstein-Augustenbourg.
La duchesse de Glycksbourg-Bevern.
Le prince Kaunitz-Rechberg, à Vienne.
Le duc de Bedford, à Londres.
Le prince d'Eichstadt, 2 ex.
Le duc de Dalberg.
Le duc de Wellington, à Londres.
La duchesse de Charost, à Paris.
Le prince de Canino, à Rome.
La duchesse de Monte-Bello, à Paris.
La duchesse d'Istrie, à Paris.
Le prince Rasoumossky, à Vienne.
Le prince Naraskin, en Russie.

Agier, à Paris.
Albertas (le marquis), pair de France.
Alluaud, minéralogiste, à Limoges.
Angot (d'), en France.
Arbousse, à Paris.
Argentre, à Laval.
Artaria et comp., marchands d'estampes, à Vienne.
Artaria et Fontaine, marchands d'estampes, à Manheim, 5 ex.
Bance aîné, marchand d'estampes.
Bance jeune et Aumont, marchands d'estampes.
Bang (le secrétaire), Danois.
Bapst (Madame), à Paris.
Barrois (Théophile), libraire, à Paris, 2 ex.
Beaulieu (Marconnay), chambellan, à Oldenbourg.
Bellisle (Hervé de), artiste.
Belluomine, à Lucque.
Bentzen (le général) gouverneur, à Sainte-Croix.
Bertrand (le secrétaire).
Bibliothèque de l'Arsenal de Paris.
   de Copenhague.
   de l'Institut de France.
   de Lyon.
   d'Orléans.
   de la ville de Paris.
   de la manufacture de Sèvres.

Bille-Brahe (le comte), en Danemarck.
Bœlling (le conseiller d'appel), à Düsseldorf.
Boismorel (de), à Paris.
Boissy-d'Anglas (le comte), pair de France, membre de l'Institut de France.
Boucher, graveur, à Paris.
Bourck (le comte), ambassadeur de Danemarck à Londres.
Brandt (Bianco de), à Paris, 2 ex.
Brunet, architecte, à Paris.
Burckhardt, membre de l'Institut de France.
Campe (Frédéric), marchand d'estampes, à Nüremberg.
Cardon (madame), à Paris.
Casas-Saria (le comte), à Madrid.
Chastellux (madame de), à Paris.
Classen, en Danemarck.
Colnaghi, marchand d'estampes, à Londres, 2 ex.
Comolli (Giacomo), march. d'estampes, à Bremen.
Courval (le baron), directeur de la manufacture des glaces, à Paris.
Crochart, à Paris.
Deichman, libraire à Copenhague.
Delamotte, inspect. des poids et mesures, à Paris.
Denon (le baron), membre de l'Institut de France.
Desmaret, chef de bureau.
Didot (Firmin), libraire, 18 ex.
Dufau, à Paris.
Dulau (madame), à Paris.
Dulau et comp., libraires, à Londres.
Duplantier (le baron), préfet.
Fabricius (le capitaine), danois.
Fegeli, de Fribourg, artiste.
Ferrand, agent de change, à Paris.
Fourier (le baron), membre de l'Institut de France.
Fournier jeune, libraire, à Paris.
Francillon, à Paris.
Gabriel, artiste à Paris.
Gatteaux père, graveur en médailles.
Gérard, premier peintre du roi, membre de l'Institut de France.
Gorgerat, à Genève.
Gourge (de), minéralogiste.
Grimaldi, à Milan.
Grossen, chimiste, à Paris.
Guehneux (le comte), pair de France.
Haley, libraire, à Paris.
Hammer (le professeur), à Strasbourg.
Harcourt (le comte Emmanuel d'), à Paris.
Harding (le capitaine), anglais.
Holland (maestre), à Londres.

Hoppe (Henri-Philippe), banquier, à Londres.
Hoppe Thomas), banquier, à Londres.
Houbigant, amateur, à Paris.
Jeuffroy (le chevalier), graveur en pierres fines, membre de l'Institut de France.
Keller (l'abbé), à Stuttgard.
Koutaysoffe (le comte), en Russie.
La Borde (le comte), membre de l'Institut de France.
Lacépède (le comte), pair de France, membre de l'Institut de France.
La Pallu, à Paris.
Lapeyrier fils, à Paris, 3 ex.
Le Bréton, à Bourges.
Lechat fils, à Paris.
Legat (le lieutenant Ferdinand), à Berlin.
Lespine, directeur de la Monnaie de France.
Lessert (le baron Benjamin), banquier, à Paris.
Leveau, à Paris.
Levis (de), à Paris.
Lisle (Podeau de), à Paris.
Lotum (le lieutenant-général comte), ministre-d'état en Prusse.
Macdonald (le capitaine), anglais.
Maillard, au ministère de l'intérieur.
Mandelot (de), à Paris.
Marchand, graveur, à Paris.
Mareilly, concierge de Trianon.
Mareschalchi (le comte), italien.
Marialva (le marquis), ambassadeur portugais.
Mechan, à Paris.
Mesmy, à Paris.
Michaud, botaniste, correspondant de l'Institut.
Ministère (le) de l'intérieur en France, 12 ex.
Ministère (le) de la guerre, à Paris.
Monier (le), peintre, à Paris.
Montfort (la comtesse de).
Monval (Bataille de), propriétaire.
Moussaye (le marquis de la), ministre plénipotentiaire près S. M. le roi de Wôrtemberg.
Mueller (le docteur), à Bremen.
Narbonne (comte Albérich de).
Nathanson, banquier, à Copenhague.
Nelli, négociant, à Rome.
Neergaard (Henriette), en Danemarck.
Nisbeth, colonel, à Stockholm.
Orschwiller (Bourge), artiste, à Strasbourg.
Ouvaroff (le comte), à Saint-Pétersbourg.
Panckoucke, libraire, à Paris.
Pariset, médecin, à Paris.
Paschoud, libraire, à Genève.
Pastoret (le marquis de), membre de l'Institut de France.
Patron, architecte, à Paris.
Pauli, à Aschaffenbourg.
Pélicier, libraire, à Paris.
Pelletier Saint-Fargeau (le comte).
Pelletier Morfontaine (le comte).
Perrochel (le comte), en France.
Pichard, libraire, à Paris.

Platen (le baron), amiral suédois, à Gothenbourg.
Podenas, à Lisle.
Podmanisky (le comte), hongrois.
Potoska (la comtesse Constance).
Potoska (la comtesse Rose).
Pougens, libraire, à Paris.
Prud'hon (le chevalier), peintre d'histoire, membre de l'Institut de France.
Ramond (le baron), conseiller d'état, membre de l'Institut de France.
Réal (le comte), conseiller-d'état.
Régley, minéralogiste, à Paris.
Renouard, libraire, à Paris, 2 ex.
Rivière, à Paris.
Robeck (le baron), Suédois.
Rochechouart (le comte), commandant de la place de Paris.
Roger (le baron), banquier, à Paris.
Roquebrune (de), à Aix en Provence.
Saint-Leu (la comtesse de).
Savi (Rouve de), militaire.
Saabye, négociant, à Copenhague.
Schmidt, avocat, à Kiel.
Schoell, libraire, à Paris.
Semour (de), à Paris.
Senonnes (le vicomte), secrétaire général du Muséum, académicien libre de l'Institut de France.
Signeul, chargé d'affaires de Suède à Hambourg.
Siret, ingénieur en chef des Ponts-et-Chaussées.
Skene (le lieutenant Philippe), Anglais.
Skioeldebrand (le général), à Stockholm.
Sommariva (le marquis de), Italien.
Sommerard (de), référendaire, à Paris.
Stedingk (le comte), à Stockholm.
Stein (le baron), en Prusse.
Suchtelen (Son Exc. le général), à St-Pétersbourg.
Ternaux (le baron), à Paris.
Thomas, propriétaire.
Thury (Héricart de), inspect. des carrières de Paris.
Thygesson (le chevalier), danois, 2 ex.
Thygesson (madame de), en Danemarck, 2 ex.
Tiolier, graveur général des monnaies.
Treuttell et Würtz, libraires, à Strasbourg et à Paris, 12 ex.
Van-Acken, libraire, à Lisle.
Vauborel (la marquise de), à Paris.
Veitinghoff (le baron de), à St-Pétersbourg, 2 ex.
Verac (le comte Olivier de), gouverneur de Versailles.
Vincent (Son Exc. le lieutenant-général baron), ambassadeur d'Autriche en France.
Vogth (le capitaine), secrétaire de la légation danoise, à Naples.
Walckenaer, secrétaire-général de la préfecture, membre de l'Institut de France.
Walewska (la comtesse).
Waltersdorff (le lieutenant-général comte de), ambassadeur danois en France.
Warée jeune, libraire, à Paris.

PRÉFACE.

Les voyages pittoresques ont toujours offert un grand intérêt à tous ceux qui ont vu les pays dont ils veulent donner une idée, en leur rappelant des souvenirs agréables du passé, qui ne laisse pas de nous paraître presque toujours beaucoup plus beau que le présent. Ces sortes de voyages peuvent en même temps suffire pour donner une juste représentation à ceux qui n'ont pas pu trouver le temps de les parcourir.

Un tel ouvrage sur le Nord de l'Italie manquait : il devient d'autant plus nécessaire, que beaucoup de personnes, même des artistes d'un rang distingué, ou n'ont point du tout vu cette partie si intéressante de l'Italie, ou l'ont parcourue d'une manière si rapide et si vague, qu'à peine leur en reste-t-il le souvenir. On est pressé de voir Florence, Rome, et Naples; on veut voir si les descriptions ne font pas illusion, convaincu déja d'avance que le reste de l'Italie ne mérite pas l'attention.

J'ai visité deux fois ce pays, dans l'intention de remplir cette lacune par le Voyage pittoresque du Nord de l'Italie, que je publie aujourd'hui. J'y étais accompagné d'un habile dessinateur de paysages et de fabriques, feu M. Naudet, qui m'a fait une quantité de vues, entre lesquelles j'ai choisi, pour mon ouvrage, celles qui sont le plus en état de donner une idée juste du caractère propre à chaque pays. Trois dessins, qui me manquaient, ont été faits par M. Cassas, qui lui-même a visité ces contrées.

L'architecture proprement dite n'a pas été l'unique but de mon voyage; et si j'en parle, ce n'est que comme accessoire. Cet art, dans lequel les Italiens se sont surpassés dans les siècles antérieurs, exige un temps infini pour les recherches nécessaires, lorsqu'on veut dire quelque chose de neuf, principalement sur des objets dont on a si souvent et si bien parlé. Il faut des connaissances qu'on ne peut raisonnablement exiger que d'un grand architecte, pour pouvoir confirmer ou rejeter avec jugement des idées que les noms des auteurs qui les ont adoptées ont rendues, pour ainsi dire, classiques. Cependant les architectes trouveront souvent dans mon ouvrage de quoi satisfaire leur curiosité. Des fabriques intéressantes comme monuments historiques, des couvents, des palais, des châteaux, des ruines, font presque toujours partie de mes vues, sous le rapport pittoresque. Ils me fourniront en même temps une ample matière pour enrichir mon texte de notes, non-

PRÉFACE.

seulement importantes pour les savants, mais encore instructives pour l'artiste jaloux de prouver que la théorie doit toujours donner la main à la pratique.

Je commence mon voyage par la route du Simplon; je visite les bords du lac Majeur et ses îles enchanteresses, qui ont été tant de fois si justement chantées; je passe par Milan, pour aller sur le lac de Côme, moins connu que le lac Majeur, mais qui n'est pas pour cela moins pittoresque, comme le prouveront les vues que j'en donnerai; je passe par Pavie, Plaisance, Parme, Bergame; le lac de Garde n'échappe pas à mon attention; les petites rivières qui passent par Vérone et Vicence ajoutent un nouvel intérêt à ces vues. Padoue offre des monuments dignes d'occuper la plume de l'historien; Venise ne laisse cependant pas de fixer principalement mes regards; tout y est neuf par son caractère particulier, qui n'a pas toujours été saisi d'une manière à inspirer l'intérêt qu'elle mérite.

Les îles qui couvrent les lagunes offrent un spectacle frappant, même pour celui qui a beaucoup voyagé; on y trouve aussi des fabriques d'un style digne des Romains. Les vues de ces îles n'ont cependant jamais été gravées; aussi les avons-nous revues à différentes reprises, pour saisir toutes leurs beautés, et principalement celles de l'île de Torzela, pour compléter la suite. Les vues de Venise et de ses îles formeront aussi une grande partie de mon ouvrage, et j'espère qu'on sera satisfait de mon choix.

Naudet avait, sur mon invitation, fait ses vues de différentes manières, pour leur donner un intérêt de plus; et on a su ainsi éviter cette monotonie qui nous accable en voyant un grand nombre de dessins toujours faits de la même manière.

J'ai été assez heureux pour trouver un artiste qui fût en état, par la gravure, d'imiter, d'une manière spirituelle, les différents faires des dessins, jusqu'au point de tromper l'œil le plus exercé. Cet artiste est M. Debucourt, peintre et graveur, avantageusement connu parmi les peintres de genre, et par les belles planches qu'il a données, d'après les superbes dessins de Carle Vernet; il ne se contentera pas d'employer tous les moyens déjà en usage pour perfectionner son travail, il emploiera encore plusieurs moyens à lui particuliers. Chaque gravure offrira un dessin à la sepia, au bistre, colorié, à la plume, au crayon, à la mine de plomb, sur des papiers de couleur rehaussés de blanc, à l'encre de la Chine, et dans différentes manières mixtes. Les effets seront en même temps si variés, qu'on croira avoir autant de différents dessins qu'on en a de gravures; variation qui plaira, je l'espère, au point qu'on croira voyager dans le pays même.

Peu d'artistes ont mieux saisi les masses et les effets que feu Naudet; ses vues sont en même temps bien prises, et d'une scrupuleuse vérité, aux dépens de laquelle nous trouvons si souvent notre attente trompée, quand nous visitons nous-mêmes les pays. Aussi Naudet disait-il souvent : « En

« voyage, on n'a pas besoin de composer pour embellir son objet, il suffit
« de savoir bien choisir l'aspect pittoresque de son point de vue. »

Aucun voyage pittoresque n'a encore offert une pareille diversité de manières que celui-ci; presque toutes les planches seront différentes et variées d'effet; ce qui pourra leur donner un intérêt de plus, en servant de modèles à la jeunesse des deux sexes, qui s'applique au paysage.

Le Voyage pittoresque du Nord de l'Italie formera 2 vol. grand in-folio, papier demi-colombier, caractère neuf saint-augustin. Le papier et les caractères sont les mêmes que ceux dont M. Landon s'est servi pour les Antiquités d'Athènes.

Mon texte sera historique et explicatif, et j'y ajouterai différentes notices principalement relatives aux Beaux-Arts, à l'agriculture et aux manufactures.

Je donnerai, à la fin du premier volume, la liste des Souscripteurs, sur laquelle se trouvent déjà des noms qui ne peuvent que flatter mon amour-propre.

VOYAGE PITTORESQUE
DU NORD DE L'ITALIE.

Aucun pays n'a jamais inspiré plus vivement le desir de le revoir que l'Italie : il suffit d'y avoir séjourné, ne fût-ce même que quelques instants, pour y vouloir être toujours. C'est la contrée que les Dieux choisiraient par préférence s'ils revenaient jamais habiter la terre. L'Italie, privée de ses magnifiques monuments, inspirerait encore un intérêt qui ne peut être excité par aucun autre pays.

Son beau ciel, ses fabriques, sa langue, plus mélodieuse à notre oreille lorsque notre bouche ne sait pas encore l'articuler; tout semble s'y être réuni pour émouvoir l'ame la plus insensible. A chaque pas la muse de l'histoire, prête à associer l'homme à ses vertus, à ses vices, à ses grandes actions, comme à ses forfaits, nous retrace les grands souvenirs attachés à cette terre classique. Ce pays offre encore aujourd'hui un charme de plus en nous présentant un des théâtres des exploits auxquels notre siècle a donné naissance. Nos enfants s'y attacheront davantage lorsqu'ils y entendront le récit des hauts faits d'un père chéri. L'art et la nature semblent s'unir dans ce pays si délicieux, pour nous faire voir tous les objets sous un aspect si neuf et si intéressant, que nous finissons par imaginer que nous sommes les seuls qui l'ayons bien vu. Tout nous présente un ensemble qui surpasse l'attente même la plus exagérée : on croit qu'un demi-siècle est écoulé, depuis qu'on a quitté cette contrée enchanteresse, dont la plus brillante description ne nous peut donner qu'une trop faible image.

Les sentiments dont je viens de peindre l'attrait, ne peuvent qu'être communs à tous ceux à qui la belle nature et les Beaux-Arts inspirent cet intérêt particulier, qui seul peut être dicté par le sentiment. Je crois, sans trop d'amour-propre, pouvoir joindre mon nom à celui de ceux qui contemplent avec enthousiasme un tableau que le génie de l'artiste a plutôt créé que peint, et qui, sensibles aux beautés toujours renaissantes de la nature, les retrouvent à chaque pas qu'ils font sur la surface du globe. Je crois, par là même, avoir acquis le droit de parler de cette Italie où ma pensée m'appelle à chaque instant, et me donne toujours ces nouvelles jouissances que des souvenirs agréables peuvent seuls procurer.

On voudra bien me pardonner, sans doute, d'avoir conçu et exécuté le projet d'un voyage pittoresque du nord de l'Italie, quand on verra les dessins de mon habile compagnon de voyage : ces dessins n'attendaient que la brillante exécution de la gravure, pour former un journal intéressant, qui n'avait besoin que de quelques notes explicatives pour satisfaire la curiosité de ceux qui aiment les sciences et les arts. Je chercherai sur-tout à mériter, par la simplicité de mon récit, la confiance entière de mes lecteurs : c'est le seul but que doive se proposer d'atteindre l'homme qui aime la vérité, et qui sait distinguer ce qu'il a vu de ce qu'on lui a dit.

Après avoir traversé la vallée de Chamonix, dont on admire avec effroi les vastes mers de glaces, voisines de ces cîmes immenses, couvertes de neiges éternelles, nous montâmes, Naudet et moi, sur le grand Saint-Bernard, le 6 juillet 1806 : nous fûmes on ne peut pas mieux reçus à son sommet inhabité, par ces respectables religieux qui passent leur vie entière à soulager l'infortuné voyageur, qui souvent sans eux expirerait. Une suffocation prit mon compagnon de voyage dans la nuit ; il n'avait pas encore séjourné à une élévation de plus de sept mille pieds au-dessus du niveau de la mer. Il y a quelques années que le même accident m'arriva dans les Pyrénées, en voulant monter sur la *Mannadetta*. La rareté de l'air occasionne ces étouffements.

Nous arrivâmes le soir à Martigny. Ma première visite fut chez le prieur *Murith*, dont j'avais fait l'intéressante connaissance lors de mon premier passage dans cette ville. Il vient de faire cadeau de son beau médailler au couvent de Saint-Bernard : ce médailler est composé de quatre-vingts médailles anciennes trouvées au Saint-Bernard et dans le Valais. Il y a même dans ce nombre plusieurs médailles celtiques. Notre Prieur soutient toujours qu'Annibal a passé par là : Polybe et d'autres auteurs sont de la même opinion. Tite-Live seul le nie dans un endroit, et dit cependant dans un autre, que la tradition générale était qu'il avait passé par ces contrées. Murith nous parla beaucoup de la société Celtique de Paris, à laquelle il voulait envoyer un catalogue raisonné de ses médailles ; il se plaignait de lui avoir souvent écrit, sans avoir pu obtenir de réponse.

Nous prîmes un char-à-banc pour aller à Sierre ; nous passâmes à Sion, où l'ignoble spectacle des Crétins se renouvela à ma vue. Une femme m'assura que le nombre des individus de cette race dégénérée était, depuis quelques années, considérablement diminué parmi la jeunesse. Ce qui a le plus contribué à ces heureux résultats, c'est le soin que l'on a pris pour l'éducation de la première enfance. Des hommes voués au bien public rendraient un service signalé à l'humanité, s'ils pouvaient faire disparaître cette classe bâtarde de l'espèce humaine.

A Sion, nous montâmes au château fort, d'où l'on découvre une vue charmante. Il y a dans cette ville une petite maison où sont rassemblées quelques Sœurs d'un ordre nommé *la Retraite chrétienne* : cet ordre n'existe guères que depuis douze ou quinze ans. Ces sœurs s'occupent beaucoup de l'éducation des enfants : leur costume est blanc. Elles ont été chassées de Fribourg, parce que le peuple leur reprochait de ne pas faire un assez bon emploi de leur temps. La jeune sœur qui nous parla était d'une jolie figure ; il paraît qu'elle avait été calviniste, et qu'elle avait changé de religion pour s'agréger à cette congrégation. Cet ordre tient beaucoup à celui des *Trapistes* : il n'est permis à ces sœurs qu'à de certaines heures de la journée de parler, même entre elles.

Nous partîmes le matin suivant de Sierre, et passâmes à Brieg, pour continuer notre marche vers le Simplon. La nouvelle route est superbe ; on y travaille encore à construire quelques ponts et à prévenir les avalanches. Ce travail majestueux aurait seul suffi pour assurer l'immortalité au nom de Napoléon. Des précipices qui s'ouvrent de tous les côtés, annoncent à chaque pas au voyageur les difficultés qu'on a eues à surmonter : en les voyant vaincues, on admire les progrès que les sciences ont faits de nos jours. Rien n'est plus difficile pour l'homme ; il n'a besoin que de vouloir, et ses connaissances lui applanissent tous les obstacles.

Nous n'arrivâmes à Simplon qu'à dix heures et demie du soir, ayant mis près de neuf heures pour y monter. On devait plutôt nommer ce village Sempione, si son nom, ainsi que celui de la montagne, dérive du latin *mons Cepionis* : les Cimbres y battirent le consul romain Cepion.

Nous partîmes le matin de bonne heure pour aller à Domo d'Ossola : il faut plus de sept heures pour y arriver. On nous avait effrayés pour le passage d'un pont qui n'était pas encore achevé, mais quelques pièces de monnaie suffirent pour faire poser quelques planches, sur lesquelles nous passâmes avec notre léger équipage. Ainsi je pourrai me glorifier, dans ma vieillesse, d'avoir été peut-être le premier qui ait fait cette belle route en voiture.

Nous passâmes à Gondo (planche I), heureusement situé par la traversée de la nouvelle route; le village est à côté du chemin, et on ne passe qu'auprès de l'église et d'une auberge. La douane milanaise est à Isella, trois heures avant Domo. La plaine est belle, la route excellente, les vignobles sont partout en treilles élevées à la manière italienne; on voit beaucoup d'échalas en granit.

Je croyais aller par Margozza pour m'embarquer sur le lac Majeur; il n'y a que six lieues par cette route, au lieu qu'il y en a sept par Feriolo; je donnai cependant la préférence à cette dernière à cause de sa beauté : l'autre est mauvaise, et on est obligé de traverser un petit lac pour arriver au lac Majeur. Feriolo (pl. II) est un petit village habité par quelques pêcheurs, mais agréablement situé sur les bords du lac. Peu loin de là, on voit Montorfano, d'où vient le granit blanchâtre qu'on amène à Milan; on y trouve aussi, mais rarement, de beaux cristaux de feld-spath, couleur de chair : ces cristaux furent découverts non loin de cet endroit, dans le beau granit rouge de Baveno, par le père Pini, qui a toujours mis tant de zèle pour les progrès de la minéralogie et de la géologie. Ils y étaient autrefois en abondance, mais ils sont devenus rares depuis quelques années : on les appelle communément *feld-spath de Baveno*. Ce beau granit rouge fait l'ornement de Milan, et a sur-tout servi pour ses constructions depuis le seizième siècle. A peu de distance de ce lieu est la carrière de marbre blanc de Candoglia, d'où on tire celui que l'on emploie pour la construction de la cathédrale de Milan.

Nous nous levâmes de bonne heure, pour jouir du beau spectacle des premiers rayons du soleil qui brillait sur les îles Borromées. On ne regrette pas d'avoir ravi quelques heures à son sommeil, on en est richement récompensé : quoique les effets de la nature se renouvellent à chaque instant, nous croyons toujours en jouir pour la première fois. Un effet magique ne cesse jamais d'être nouveau à nos yeux, et ne vieillit pas comme les autres jouissances, qui souvent disparaissent au moment même où nous croyons les goûter. Les montagnes qui occupent le fond sont d'une belle forme.

Nous prîmes une barque pour passer à l'Isola Madre (pl. III), plus grande, et, d'après ma manière de voir, mieux placée que l'Isola Bella, étant au milieu du lac. J'y voyais les lauriers en pleine terre, ainsi que quelques citroniers. L'île est très-agreste, elle me plût beaucoup. Il y a quatre milles d'Italie pour y aller; les bateliers les firent dans une heure et demie : la maison d'habitation n'en est pas finie, on ne pouvait pas même y entrer, parce que personne n'y demeure. On ne trouve dans l'île que des faisans sauvages, et des poulets de Numidie.

La traversée pour aller à l'Isola Bella n'est que de trois milles, qui furent faits en trois quarts d'heure. On voit auprès l'Isola del Pescatore (pl. IV), qu'on appelle ordinairement *Isola superiora* : elle est toute couverte d'un petit village habité par des pêcheurs, qu'on dit assez à leur aise. Il y a environ cent quarante-trois ans que l'Isola Bella (pl. V) n'était qu'un rocher nu, d'un schiste argileux, entrecoupé de filons de trap et de quartz, quand le comte Vitaliano Borromeo eut l'idée d'en faire un jardin magnifique : il y éleva des arcades, y fit porter des terres, et tira, du néant, une chose unique dans son genre. L'architecte habile sut tirer parti de la nature extraordinaire qu'il trouva sur ce sol; ce que font assez constamment les architectes Italiens, toujours jaloux de suivre simplement les indications de la nature, sans jamais la forcer, comme ceux des autres pays, à produire des effets qui ne peuvent devenir que gigantesques et outrés. Les premiers ressemblent à ce peintre à qui l'on a indiqué le fond de son tableau, et qui arrange ses devants de manière à faire régner dans sa composition une harmonie qui ne peut qu'embellir l'ensemble de l'ouvrage : la preuve en est dans ces mauvaises copies, des beaux jardins anglais qu'on trouve presque partout. On ne demande pas si la nature a formé un emplacement convenable pour en faire ; on en veut un, et cela suffit. Qu'en résulte-t-il ? Une monstruosité, qui ne peut qu'offenser le bon goût.

On voit, dans cette île, des espaliers chargés de citrons et un bosquet d'orangers ; mais la rigueur du climat ne permet pas à leurs fruits de parvenir à leur maturité ; on est obligé, pour les conserver, de couvrir de toiles, pendant les deux premiers et les deux derniers mois de l'année, toute la partie de l'île qu'ils occupent : le froid force même d'allumer sous ces toiles des charbons pour y répandre de la chaleur; il en coûte annuellement 6000 lires pour mettre et ôter cette espèce de toît qui, dans la belle saison, est caché sous les arcades. Rien ne m'a plus étonné que d'y voir le plus beau laurier-noble qui existe : sa dimension est immense, et deux troncs sortent de sa racine; le premier Consul le mesura dans sa campagne d'Italie, et les habitans l'appellent aujourd'hui l'*Arbre de Bonaparte*.

Le jardinier Rossi, qui n'est là que depuis huit ans, a planté un bosquet d'arbres américains qui a parfaitement réussi; il y a joint un petit jardin botanique, où il n'y a qu'une ou deux plantes de chaque classe de Linné. Le comte Vitaliano s'est bâti dans le jardin une petite rotonde qui est d'un bon goût : le plan du château est vaste, mais il n'est pas encore terminé; chacun des Comtes, dont le vivant est le quatrième, s'est occupé d'en avancer la construction; les appartements du bas en mosaïque, dont deux ont été faits par le comte actuel Gilbertus, sont ce que je trouvai de mieux. Il a aussi fait décorer un grand salon en stuc, par le professeur Zanoia ; mais ce salon pèche par le goût. Il y a un grand nombre de tableaux; mais peu de bons ou de bien conservés. Tempesta a passé plusieurs années dans cette île où l'on admire de lui surtout deux grands et beaux tableaux. Ce peintre, plein de nerf, et dont les expressions et les grandes idées étonnent souvent, peignait aussi la bataille; mais on est fâché d'apercevoir que la nature lui servit rarement de guide et de modèle dans ses chevaux : l'exécution et le clair obscur ne sont pas les parties les plus brillantes de cet artiste, qui, en même temps, a beaucoup gravé.

Voici ce que j'ai remarqué de mieux parmi les tableaux : 1° Une *Vénus qui corrige l'Amour*, par Bianchi; le fond de Tempesta ; 2° un petit *Saint-François* avec une *tête de Mort*, par Fiamingo; 3° *Santa Maria*, dal Quina, tenant un lis, par le Guide; 4° une *Cléopâtre à genoux*, beau Fiamingo; 5° deux esquisses de *Solimène* et un *Saint-Erasme*, de Schidoni; 6° les portraits de *Tempesta* et de sa femme, peints par lui-même; 7° Quatre jolis *Zucharelli*, dont deux ont été gravés par Bartolozzi; 8° quatre grands et superbes *Luca Jordano*.

Rousseau fut si enchanté de cette habitation, qu'il dit dans ses Confessions qu'il l'aurait choisie pour la demeure de sa Julie, s'il n'y avait pas trouvé trop d'art et trop de richesses. Saussure en parle dans son excellent *Voyage des Alpes* : mon savant compatriote, le professeur Hirschfeld, en fait, dans son superbe ouvrage sur la *Théorie des Jardins*, un éloge pompeux, qu'il termine ainsi : « Du milieu d'une grotte de Bossage on monte par un
« double escalier à la terrasse supérieure, d'où l'on jouit d'un aspect tel qu'il s'en trouve peu.
« D'un côté se présentent les Alpes, qui s'élèvent en trois étages : celui d'en bas, soigneusement
« cultivé; celui du milieu, occupé par des forêts, et celui d'en haut, toujours couvert de neige
« et de glace. Le matin, surtout, les premiers rayons du soleil, réfléchis par les sommets
« glacés des monts, forment un spectacle enchanteur. De l'autre côté on voit la vaste surface
« du lac s'étendre jusqu'à la rive orientale ; et, vers le nord, on aperçoit un fertile bord
« parsemé de vignobles, de villages et de petites villes. L'aspect même n'est pas moins beau,

« outre la limpidité de l'eau et la multitude d'oiseaux aquatiques qui récréent la vue, on est
« encore amusé pendant tout le jour par les barques de pêcheurs, et par les petits bâtiments
« qui transportent les marchandises ».

Isola Bella était le plus intéressant à dessiner du côté des terrasses, en partant pour Sesto-Calende, qui est à la distance de quinze milles : l'aspect romantique qu'elle offre, surtout de ce côté, a souvent donné lieu de la comparer aux îles fabuleuses de Circé, de Calypso et d'Alcine. Le vent nous fut toujours contraire.

La vue générale (pl. VII), prise en regardant Palanza et l'Isola Madre, donne la plus juste idée du lac, ainsi que des montagnes qui le couronnent.

En suivant notre route nous découvrîmes, à droite, Stressa, où un négociant de Francfort a bâti une grande et belle maison ; à gauche, Pallanza et Intra, qui font un très-grand commerce ; et le bourg d'Angera (pl. VIII), dont le château, pittoresquement situé sur des roches d'un calcaire jaunâtre, est vis-à-vis d'Arona, où l'on voit le grand colosse de Saint-Carlo Borroméo, plus imposant par sa masse que par sa beauté. On rencontre encore, du même côté, le village du Ranco, et les ruines du château de Lisanza, avant d'entrer dans le Tésin, auprès duquel est situé Sesto-Calende, qui était notre destination. Ce port est fréquenté par une grande quantité de barques, qui font le commerce du lac pour Milan et Pavie. Un *vetturino*, dont nous commençâmes ici à faire usage, nous demanda d'abord fort cher pour nous conduire à Milan, et finit par nous y mener à très-bon marché. On peut aussi y aller par eau sur le Tésin, mais il y a soixante milles, et cela double le chemin, qui n'est que de trente milles par terre : celui-ci passe par le gros bourg Gallarate et par d'autres petits endroits. La route, qui traverse une des belles plaines de la Lombardie, est presque partout entourée de haies vives ; le maïs y parvient à une telle hauteur, qu'il cache presque tout ce qui l'environne ; il indique par là et la bonté du sol, et la beauté du climat. J'ai vu dans un endroit qu'on sème la pimprenelle pour fourrage, ainsi que beaucoup de trèfle. Nous fûmes vingt-quatre heures en route pour arriver le soir à Milan.

Milan a changé de face depuis que je l'ai quittée, et elle le doit à la présence du Vice-roi. A mon dernier passage, tout était mort ; à présent le grand nombre des équipages et la foule des piétons attestent que tout reprend une activité qui ne peut être que très-utile au commerce et aux Arts. On dit qu'on y compte cent cinquante mille habitants. Si Milan n'est pas la plus ancienne ville d'Italie, c'est au moins une des plus anciennes ; sa fondation remonte à environ quatre cents ans avant la naissance de Jésus-Christ : elle est généralement bien bâtie ; le milieu des grandes rues est occupé par deux rangées de pierres assez larges, qui forment un trottoir commode pour les piétons.

La cathédrale, appelée communément *il Duomo*, a été construite en 1385, sous le règne de Jean Galeas Visconti. Elle n'est pas encore finie, mais on y travaille actuellement : c'est une masse imposante, qui réunit le style des architectures Grecque et Gothique, et qui paraît même quelquefois approcher de celui des Arabes. Pellegrini, dont le nom est aussi connu comme peintre, en a commencé la façade en 1580. On a souvent répété que c'était le plus grand corps d'église après celui de Saint-Pierre de Rome : si la mesure qu'en donne Fiorillo est juste, je crois pouvoir aussi ajouter, après le temple de Saint-Paul de Londres. Ce savant indique que ce dernier, quoique moins large et moins haut, a treize pieds de plus en longueur qu'*il Duomo*. J'ai toujours pensé que c'est sur-tout d'après la longueur qu'on doit déterminer la dimension générale qu'on assigne à un bâtiment, et qu'ainsi la cathédrale de Milan ne doit être mise qu'au troisième rang des églises chrétiennes. La considération qu'*il Duomo* surpasse de beaucoup Saint-Paul en hauteur, peut bien, au premier aspect, imposer aux spectateurs, mais ne peut pas servir de règle pour déterminer sa grandeur. L'église est remplie de tableaux, et sur-tout de statues, entre lesquelles j'ai remarqué celle de

Saint-Barthélemi, par Marc Agrati, habile sculpteur milanais : quoiqu'elle soit très-bien faite, l'artiste n'aurait pas eu besoin de nous apprendre, par son inscription latine, qu'elle n'est pas de Praxitèle; on n'en aurait pas douté. Le corps de Saint-Charles est conservé dans une caisse de cristal de roche. On voit de belles peintures sur les croisées au bout de l'église; on admire de grandes colonnes de granit de Baveno, que les Italiens appellent *migliarole*; l'Egypte même en aurait difficilement fourni de plus grandes ou de plus belles. En montant sur *il Duomo*, on jouit d'une vue magnifique, et on peut bien dire, avec plusieurs voyageurs, qu'on croit marcher sur une montagne de marbre.

C'était un dimanche : nous entendîmes de la bonne musique dans plusieurs églises. Celle des Barnabites est richement décorée; Paul Verri y a fait ériger un monument à son ami le célèbre mathématicien P. Frisi : sa tête, un peu plus que demi-relief, a été faite par le sculpteur Joseph Franchi. On remarque dans cette église plusieurs beaux tableaux de Daniel Crespi, Antonio Campi, Camille Procaccino, et d'autres.

J'avais souvent entendu parler avec enthousiasme de la Cène de Leonardo da Vinci. Le beau dessin que mon ami M. Duvivier, qui a si bien copié le Raphaël, a fait de la tête du Christ, représentée dans cette fameuse peinture, ne pouvait que m'inspirer encore plus vivement le desir de la voir. On la trouve dans le réfectoire de l'église de *S. Maria delle Grazie*, autrefois riche couvent des Dominicains.

Les procédés que le peintre avait suivis dans l'exécution de cet ouvrage, les mains profanes qui l'ont plutôt repeint que restauré, la longue insouciance des anciens propriétaires, et depuis, les malheurs de la guerre, ont contribué à détruire un objet d'art qui, en tout temps, devait faire l'admiration des connaisseurs et des amateurs. Il ne nous en reste donc que des indices, qui suffisent pour nous faire regretter ce que nous ne trouvons plus. Les Dominicains sentirent si peu le prix du trésor qu'ils possédaient, qu'ils estropièrent Notre-Seigneur et plusieurs de ses apôtres, en leur coupant les jambes, pour élever la porte de leur réfectoire.

Ce tableau fut peint en 1496 ou 1497; mais à peine avait-il existé cinquante années, qu'il était déja fort dégradé. Vasari le trouva en 1566 dans un état pitoyable. Armenini, qui en 1587 a écrit sur ce tableau, dit aussi qu'il était très-détérioré. Le même auteur affirme que la tête du Christ était finie d'une manière merveilleuse, tandis que d'autres prétendent qu'elle ne l'avait jamais été. Scanelli assura, en 1642, qu'il fut obligé de croire sur parole que la Cène eût jamais été aussi belle qu'on le disait.

Cent cinquante ans ont donc suffi pour détruire une production célèbre, qui, sans les causes que je viens de rapporter, devait toujours faire notre admiration. « L'art aurait encore « possédé ce trésor, comme l'observe très-bien le savant abbé Lanzi, dans sa *Storia Pitto-* « *rica della Italia*, si Leonardo avait voulu suivre la pratique de son temps, en peignant à « fresque. Mais comme il cherchait toujours de nouveaux procédés, il peignit ce tableau à « l'huile. » Lomazzo croit que l'espèce d'enduit dont l'artiste couvrit le mur avant de peindre à l'huile, fut cause de la dégradation rapide de son ouvrage. L'humidité du mur avec lequel la peinture à l'huile ne s'incorpore pas, comme le fait la fresque, suffisait seule pour endommager cette production. On assure que Natoire avait pareillement peint à l'huile, sur le mur, tout l'intérieur de la ci-devant église des Enfants-Trouvés à Paris, et que cette peinture avait tellement changé en très-peu de temps, qu'il n'était plus possible de la reconnaître. On prétend même que la Cène fut nétoyée par ordre d'un supérieur, et que Michel-Angelo Belloti fut chargé de la restaurer en 1726. Il prétendait posséder un secret pour faire revenir les couleurs; mais il oublia, ce qui n'arrive que trop souvent, d'observer avec rigueur les limites que l'art doit scrupuleusement établir entre restaurer et repeindre. Ce tableau subit encore le même sort en 1770.

Une des plus belles qualités de ce chef-d'œuvre, qui ne s'y retrouve presque plus, était l'expression et le choix des diverses têtes; aujourd'hui il ne nous reste plus guères à y admirer que les savants contours et la belle composition. Il me paraît dénué de tout fondement que la tête du supérieur ait jamais été représentée dans celle de Judas.

Leonardo avait choisi pour sa composition le moment où Jésus-Christ dit à ses apôtres : *Je vous dis, en vérité, que l'un de vous me trahira.* Un auteur prétend même que ces mots se trouvent sur une estampe rare du temps, et croit qu'ils ont pu avoir été peints sur le tableau même.

Il y a un grand nombre de copies de la Cène, tant à l'huile qu'à la fresque. Plusieurs ayant été faites avant sa restauration, donnent une plus haute idée des beautés du tableau que n'en donne aujourd'ui l'original lui-même. De ces copies, on croit devoir estimer le plus celle à l'huile, que possédaient les Chartreux à Pavie, dans les dix-septième et dix-huitième siècles. Quelques-uns la regardent même comme faite par Léonardo; mais elle paraît être de son élève Marco d'Ogionno. Elle fut vendue en 1793, à la suppression du couvent par Joseph II, et elle appartient aujourd'hui à un particulier de Milan. On a cité aussi avec éloge celle de la bibliothèque Ambrosienne, par Giovanno-Baptisto Bianchi.

Un des plus grands peintres de l'école flamande, Rubens, a copié la Cène; mais il a mis dans sa copie le style de son école, ce qui est d'autant plus extraordinaire, qu'il aimait beaucoup Leonardo, et que, pendant son séjour en Italie, il a fait quelques tableaux dans la grande manière de l'école italienne : j'en connais où l'on voit qu'il a regardé avec plaisir le Caravagio. Pierre Soutman a fait une gravure d'après cette copie, où l'on trouve tous les apôtres sans jambes.

On connaît encore six ou sept dessins marquants faits d'après la Cène. Deux sont dans la collection des dessins du Muséum à Paris : l'un, dessiné à la plume et lavé, passe pour avoir été fait par Leonardo lui-même, et a été gravé par le comte de Caylus; l'autre, dans la même manière, a été attribué tantôt au Titiano, tantôt au Tintoretto. D. Giuseppe Casati doit aussi posséder un ancien dessin du même sujet, qui passe aussi pour avoir été fait par Leonardo lui-même. Robert en possède une belle copie, par Vicar. M. Dutertre en a aussi fait un dessin qu'on a admiré à une des expositions du Louvre. Je ne parlerai ni de la tapisserie presque usée qu'on en voit au Vatican à Rome, et où Fiorello dit que l'ouvrier a mis par méprise six doigts à la main de Saint-Jean, ni de la mosaïque qu'on en veut exécuter.

La Cène entière a été représentée plus de douze fois en gravure : celle de Morghen jouit de la plus haute réputation. Le burin est digne de ce célèbre graveur; mais l'expression des têtes est quelquefois manquée, ce qui arrive souvent quand on est obligé de travailler d'après les copies des autres. Le dessin pour cette belle planche a été fait, en 1795, par Théodoro Matteini, élève du peintre romain Domenico Corvi.

J'allai à *Brera* ou à l'Université. Ce bâtiment est vaste et beau : l'intérieur est décoré de deux rangs de colonnes de beau granit de Baveno. La bibliothèque est grande et bien distribuée; elle est composée de plus de quatre-vingt mille volumes, et a été formée de celle des Jésuites, riche en livres de théologie, de celle du célèbre médecin et poète Haller, des belles éditions du président Pertusati, et des livres rares et précieux du cardinal Durini. Le choix qu'on a fait dans les bibliothèques des couvents, à leur suppression, n'a pas peu contribué à augmenter cette belle collection. La bibliothèque de Brera ne contient pas seulement beaucoup de livres particulièrement curieux pour le bibliomane, mais elle se complette encore tous les jours par des livres utiles à l'étude comme au progrès des sciences.

Plusieurs professeurs des Sciences et des Beaux-Arts sont logés dans ce bâtiment, où on trouve aussi l'Académie des Beaux-Arts. L'exposition publique des ouvrages des artistes modernes a eu lieu dans les mois de mai et de juin. Différents prix ont été décernés : j'ai vu un dessin, que je crois même avoir été couronné l'année passée, qui représente Orphée pinçant de la lyre. Sa composition, ainsi que son exécution, font honneur à l'auteur, Francesco Nenci, d'Anghiari dans le Florentin. Le secrétaire de l'Académie, Giuseppe Bossi, avait exposé cette année un petit tableau, représentant les honneurs funéraires rendus aux cendres de Thémistocle. Ce tableau a déja été envoyé à son propriétaire à Paris, M. Sommariva. Cet amateur distingué encourage, ce qui n'arrive que trop rarement, les talents des peintres modernes, en leur commandant des tableaux. Nous ne pouvons espérer que les artistes de notre siècle marcheront, dans leurs productions, à côté de ceux des siècles passés, qu'autant que nous chercherons à faire ressortir le talent de nos contemporains. Le génie reste souvent inconnu, parce qu'il n'obtient pas les encouragements nécessaires à son développement. Bossi est un jeune peintre très-savant, qui compose bien, et possède une belle bibliothèque pour les ouvrages de l'art.

Il y a à Brera quatre grandes salles ornées de plâtres moulés sur les meilleures statues antiques et modernes, et quatre décorées de tableaux. La munificence de S. A. I. le Vice-roi d'Italie a nouvellement augmenté la collection, de plusieurs beaux tableaux, entre lesquels on distingue sur-tout un *Raffaelo*. Ce Prince a toujours beaucoup aimé et encouragé les arts, qui lui ont fait passer à Paris les moments les plus agréables de sa première jeunesse.

Bossi, à qui on doit l'idée de réunir dans une des salles les portraits des artistes, sur-tout milanais, vient de publier une notice intéressante sur cette collection : cette notice m'a servi de guide dans mes recherches. Ce peintre a même donné quelques-uns des portraits qui ornent ce sallon, et a invité les artistes à l'enrichir des leurs, ce que plusieurs ont déja fait. Il aura ainsi jeté les fondements d'une histoire des peintres milanais. Un ouvrage de ce genre, que possèdent même plusieurs petites villes d'Italie, manquait à Milan, quoique ville du premier ordre.

Voici les objets qui fixèrent principalement mon attention dans ces salles :

Dans la salle des portraits, 1° un très-beau portrait de famille de Carlo-Francesco Nuvolone, peint par lui-même. Son père était peintre, et son frère suivait la même carrière; Carlo les surpassa tous les deux dans son art; il a souvent, par sa grace et son coloris, mérité le nom du Guido de la Lombardie. J'ai sur-tout admiré dans ce tableau le portrait de l'artiste et de son frère. 2° Le portrait de Luigi Scaramuccia, peint par il cavaliere Del-Cairo. Luigi, natif de Peruggia, cherchait souvent la manière de Guerchino. Il travailla beaucoup à Milan, et est auteur de l'ouvrage *Finezze dei Penelli Italiani*, à la tête duquel on trouve ce même portrait Del-Cairo, gravé par Bonaccina. 3° Un beau portrait de Van-Dyck, représentant le peintre flamand Antonius Van Opstal, et qui est gravé dans la précieuse suite de portraits que Van-Dyck fit faire à ses frais. 4° Le portrait de Giulio Cesare Procaccino; on connaît plus de six artistes de ce nom. On voit de lui à Milan, qu'il avait adopté pour sa patrie, beaucoup de tableaux. Ce portrait, comme l'inscription le porte, fut fait par lui en 1624, peu d'années avant sa mort. 5° Le portrait de Francesco Del-Cairo, natif de Varese, peint par lui-même. Cet artiste changea trois fois de manière; il cherchait à réunir les beautés de Paolo Veronese et de Tiziano. Il fut si heureux dans le portrait, qu'on en a même attribué quelques-uns à ce dernier maître.

Dans la salle de Bramante, 1° un Saint-Jérome de Subleyras, un de ses meilleurs ouvrages. 2° Une Sainte famille avec des anges, par Pompeo Battoni, qui fit pour ainsi dire renaître les arts en Italie. 3° Un grand tableau d'Enea Salmeggia. On regrette en voyant cette belle composition, qu'on appelle vraiment *raphalesque*, que ce tableau ait tant souffert. Salmeggia, natif de Bergamo, fut un des meilleurs peintres de la fin du seizième et du commencement du dix-septième siècle; il fut élève de Procaccino, imita dans sa jeunesse Giacomo Bassano, mais parvint, après un séjour de quatorze ans à Rome, à s'approprier sur-tout la grace de

Raffaelo. 4° Un tableau de Bramante Lazzeri, représentant le Christ et les voleurs crucifiés, avec Marie et d'autres figures. On croit qu'une tête qu'on voit à droite est son portrait. Le nom de Bramante est plus connu dans l'architecture que dans la peinture; ce singulier tableau montre cependant aussi ses grandes dispositions pour cet art. Bramante donna des leçons à Raffaelo, qui, par gratitude, l'a représenté dans l'Ecole d'Athènes. 5° Un beau tableau de Camillo Procaccino, représentant le Christ mis au tombeau, qui a beaucoup souffert.

Salle de Raffaelo; 1° le tableau de Raffaelo, représentant les fiançailles de Marie et de Joseph, auxquelles assistent plusieurs personnes de divers âges et caractères; dans le fond on voit un temple octogone. Ce tableau, peint dans la première manière de Raffaelo, est remarquable pour l'histoire de l'art. Il paraît, d'après Vasari, être le premier où ce divin peintre a commencé à ne plus suivre servilement les règles données par son maître Perrugino. Raffaelo, d'après l'inscription de 1504 qu'on y trouve, a fait ce tableau à l'âge de vingt-un ans. Ce fut cette même année qu'il alla à *Florence*, pour étudier les cartons de Vinci et de Michel-Angelo, qui déja jouissaient d'une grande réputation. S. A. I. le Vice-roi vient de l'acheter de l'hôpital, avec quelques autres tableaux, pour la somme de 80,000 fr. 2° Une Sainte-Cécile, d'Orazio Gentileschi, qui a beaucoup souffert. Le portrait de cet artiste est gravé par Vosterman, d'après Van-Dyck, dans la collection déja citée que celui-ci fit exécuter. 3° Un des plus beaux *Giovani Battista Crespi*, représentant la Vierge avec l'enfant Jésus, Saint-Dominique et Sainte-Thérèse. On peut le regarder comme son chef-d'œuvre : on n'y trouve ni les attitudes exagérées, ni les lumières, ni les ombres forcées qui, si souvent, nuisent à ses ouvrages. 4° Un superbe portrait fait par Ambrosio Figino, qu'on croit le même que des artistes célèbres du temps taxèrent à *mille scudi*.

Plusieurs beaux tableaux de Giulo Cesare et Camillo Procaccino.

Salle de Bernardino Luino. On remarque principalement dans cette salle deux fresques de Bernardino Luino, le premier disciple de Leonardo, dont les ouvrages, dans d'autres pays, passent souvent pour ceux du maître. Sur l'une on voit Saint-Anne présentant ses fils à Simon, et sur l'autre la naissance de Marie.

Le couvent de Cîteaux, situé sur la place de Santo-Ambrogio, et construit sur les dessins de Bramante, sert actuellement d'hôpital militaire: la précieuse collection des manuscrits et des diplômes, que les moines avaient rassemblés et tenaient dans le meilleur ordre, et qui remontent au huitième siècle, a été sauvée. La perte d'un monument aussi authentique aurait été irréparable pour les sciences. L'église de Santo-Ambrogio (pl. IX), où ces religieux officiaient, existe toujours; c'est une très-ancienne construction, qu'on prétend être du quatrième siècle, et faite par le saint dont elle porte le nom. On y a depuis beaucoup travaillé, et à des époques quelquefois si éloignées, qu'on y trouve réunis les goûts de divers temps. Ce monument devient ainsi d'autant plus digne d'exciter la curiosité de ceux qui veulent étudier l'histoire de l'art. Sa décadence et ses progrès sont l'un à côté de l'autre, et en rendent la comparaison plus facile.

Je crois que cette église, partagée en plusieurs nefs, a justement été célèbre par les cendres de Santo-Ambrogio, déposées sous le grand autel où les rois d'Italie furent couronnés. La tribune de cet autel est soutenue par quatre colonnes d'un beau porphyre antique, que quelques auteurs prétendent avoir autrefois orné un temple de Jupiter. On cite l'autel, qu'on ne peut voir qu'à de certains jours, ou avec une permission particulière, comme un des chefs-d'œuvre de l'orfévrerie du neuvième siècle. Le contour de cet autel est revêtu de bas-reliefs d'or et d'argent. L'archevêque Angelbert le fit exécuter par Volvinus, pour huit mille florins d'or, somme très-considérable alors, si l'on observe que l'or, plus rare, était naturellement d'une valeur plus grande que de nos jours, où la découverte de l'Amérique a jeté ce métal funeste avec une si grande profusion sur notre continent. Il faut observer aussi que la majeure partie de ces huit mille florins a été le prix de la main-d'œuvre. Les plaques d'or et d'argent étant très-minces, n'ont pu avoir qu'une très-petite valeur intrinsèque, seule raison qui les a fait passer intactes jusqu'à nos jours, sans tenter l'avidité de l'homme. Ces bas-reliefs offrent des traits de la vie de Santo-Ambrogio et de celle des Saints, qui peuvent être intéressants pour l'histoire ecclésiastique du temps. On y voit aussi les portraits de l'archevêque, et de l'artiste qui les a exécutés.

Les orfévres italiens travaillèrent donc au neuvième siècle d'une manière distinguée : c'est à eux sans doute, ainsi qu'à ceux qui ornèrent de mignatures les manuscrits, qu'on doit le brillant essor qu'ont pris depuis les arts du dessin et de la peinture.

On voit dans le chœur une assez belle mosaïque en verre, faite au dixième siècle par des artistes grecs, qui, à cette époque, ont beaucoup travaillé dans ce genre en Italie. On y admire aussi des peintures à fresque et à l'huile, de Luino. La chapelle de Saint-Satyre offre plusieurs fresques de Giovanno-Baptista Tiepolo, artiste vénitien : c'est, entre les peintres modernes, un de ceux qui a le mieux travaillé dans ce genre, qui fait aujourd'hui en France la réputation de Berthélemy. Cette chapelle offre aussi une mosaïque plus belle que celle que nous venons de citer, quoiqu'elle paraisse beaucoup plus ancienne.

Milan est généralement propre, quoique la plus grande partie des rues soient étroites. Celle appelée *il Corso*, est belle et large; c'est-là que se font les promenades en voiture et à cheval, dans l'hiver vers midi, et dans l'été sur le soir : les jeunes gens riches des deux sexes ne manquent jamais une occasion si favorable de se faire voir. Quelques endroits dans les faubourgs sont pittoresques; nous y fîmes quelques dessins, au nombre desquels est une petite vue (pl. X) prise près des remparts. Les fabriques même y sont souvent aussi d'un assez bon goût; une église (pl. XI), dont j'ai oublié le nom, en fournit la preuve.

J'allai voir Appiani, artiste célèbre par sa belle manière de peindre la grisaille, et d'ailleurs bon coloriste; j'ai vu quelques beaux portraits de lui : il est habile musicien et homme extrêmement aimable.

Je fus au collége des Barnabites, voir le P. *Pini*, que j'avais déja eu le plaisir de voir à Paris; il a formé un cabinet d'histoire naturelle, et professe sur-tout la minéralogie et la géologie. La partie minéralogique est sur-tout riche par sa générosité, et on n'y cherchera pas vainement les plus beaux cristaux d'Adulaire de Saint-Gothard, et les feld-spaths de Baveno, découvertes dont cet infatigable savant a enrichi la science, dans les nombreux voyages qu'il a faits en Suisse et en Italie. Il me donna, comme une preuve de son amitié, quelques mémoires de géologie qu'il vient de faire paraître. Je n'ai pu voir que quelquefois le savant abbé Amoretti, qui a si bien mérité des Sciences et des Arts par ses nombreux ouvrages. Il habitait assez ordinairement la campagne pendant mon séjour à Milan.

La bibliothèque Ambroisienne a été fondée au commencement du dix-septième siècle, par le cardinal Federico Borromeo, neveu du fameux Carlo Borromeo. Ce cardinal prit dans sa jeunesse le goût des livres en étudiant à Bologne et à Rome, et s'y procura plusieurs ouvrages rares. Devenu enfin archevêque en 1595, il conçut l'idée de rendre sa bibliothèque publique, et afin que cette collection fût vraiment digne de son nom, il envoya à ses frais des savants même hors de l'Europe, pour se procurer des manuscrits. Cette idée ne fut exécutée qu'en 1609. Fabio Mangoni, célèbre architecte de son temps, fut chargé de la construction de cette bibliothèque. Il y montra son talent, en tirant parti d'un local qui n'y prêtait pas beaucoup, et sut y réunir l'agréable à l'utile. L'idée de tirer la lumière d'en haut dans une salle de bibliothèque est heureuse; elle épargne beaucoup de place pour les livres. Cette bibliothèque ne se compose que de quarante mille volumes imprimés, et en grande partie de théologie. La collection des manuscrits, en revanche, est très-importante, et composée de plus de quatorze mille, en grande partie de l'Ecriture Sainte et des auteurs classiques. Les Français en emportèrent plusieurs en 1796, entre autres trois objets capitaux, que j'ai eu plusieurs fois occasion de voir à Paris.

1° *Flavii Josephi Antiquitates Judaïcæ.* Ce précieux manuscrit est composé de quatre-vingt-douze feuilles écrites sur papier d'Egypte, communément appelé *papyrus*, et ne contient qu'une partie de l'ouvrage, qui ne se suit même pas. Ce manuscrit a toujours passé pour être du quatrième ou du cinquième siècle; mais, à en juger d'après les caractères, on ne peut guères l'attribuer qu'au septième ou huitième. Il est encore assez bien conservé, quoique ayant souffert en quelques endroits. On trouve, à la tête de ce manuscrit, une note en latin, par Antonio Oligiato, qui fut le premier bibliothécaire de cette bibliothèque. Cette note indique que le cardinal Federico Borromeo l'avait reçu en cadeau en 1605, et l'avait ensuite légué à la bibliothèque Ambroisienne; elle apprend aussi que Ruffin passe généralement pour en être le traducteur latin.

2° Un très-beau *Virgile*, qui a appartenu à Petrarca, et qui n'est vraisemblablement que du treizième siècle. On y trouve deux pages de notes, qui ne concernent que la vie privée de cet illustre poète. Ce ne sont point des notes sur Virgile, faites par le chantre de la belle Laure, comme quelques voyageurs l'ont prétendu. On voit avec plaisir à la tête de ce beau manuscrit une très-grande et belle mignature allégorique, sur les trois ouvrages du poète de Mantoue, l'*Enéide*, les *Géorgiques* et les *Bucoliques*, par Sinese Simone : l'idée en est simple, mais belle; on croit qu'elle pourrait bien avoir été fournie par Petrarca même.

3° Les manuscrits de *Leonardo da Vinci*, qu'on regardait comme un des objets le plus précieux de la bibliothèque. On les faisait même voir avec tant de difficulté, que les voyageurs ne sont pas d'accord sur leur nombre. Ils en citent tour-à-tour seize, douze, onze et treize : ce dernier nombre me paraît le plus vraisemblable, étant celui de ceux qui sont arrivés en France. On en trouve douze à la bibliothèque de l'Institut impérial, le treizième est déposé à la grande bibliothèque impériale. Le professeur Venturi a lu, en 1797, à la première classe de l'Institut, un mémoire sur ces manuscrits, sous le titre : *Essai sur les ouvrages physico-mathématiques de Léonard de Vinci, avec des fragments tirés de ses manuscrits apportés de l'Italie.* L'auteur promettait de nous donner, par ordre méthodique, en trois traités complets, tout ce que Vinci a écrit de mieux sur la mécanique, l'optique et l'hydraulique : mais je ne crois pas qu'il ait tenu parole. Toutes les notes de Leonardo sont écrites de droite à gauche; on pense que ce fut pour qu'on ne lui dérobât pas ses découvertes.

Le plus fort de ces treize volumes est le grand in-folio de format Atlas, déposé à la bibliothèque impériale. Il contient trois cent quatre-vingt-dix feuilles, qui, d'après une inscription qu'on trouve la même des deux côtés de la reliure, ont été rassemblées par Pompeo Leoni, qu'on dit avoir été sculpteur au service du roi d'Espagne. Ce volume, à quelques têtes près, ne contient que des dessins de mathématique et de physique, et beaucoup de notes. Galean Arconati en fit présent, ainsi que de dix autres, à la bibliothèque Ambroisienne, comme on le voit par l'inscription en marbre qui rappelle cette libéralité : don d'autant plus grand, qu'on assure que le roi d'Angleterre avait fait offrir de ce manuscrit seul soixante mille francs. On y remarque quelques endroits écrits à la manière ordinaire, qui ne me paraissent pas être de Leonardo. Avant ce don, la bibliothèque possédait déja un manuscrit de Leonardo; depuis, elle a reçu le treizième en cadeau.

On a mis des lettres romaines sur les douze volumes de la bibliothèque de l'Institut, pour qu'on pût se reconnaître dans les citations de Venturi. Ces volumes sont du format suivant :

1° Un petit in-folio; une inscription indique que Mazenta fit cadeau de ce volume en 1603.

2° Trois petits in-quarto.

3° Trois petits in-douze.

4° Cinq petits in-seize.

Dans le volume G, plusieurs pages sont écrites au crayon rouge. Au commencement du volume B, in-quarto, sont une figure et une tête bien dessinées à la plume; on y voit aussi plusieurs instruments et quelques monuments. Le reste des dessins a rapport aux mathématiques et à la physique.

Ces volumes, comme on le voit, ne contiennent, quant aux dessins, que peu de choses analogues aux Beaux-Arts : il peut cependant s'en trouver dans les notes, qui fournissent quelques matériaux intéressants sur la vie de leur illustre auteur. On a dit que dans un des volumes de Léonardo, à la bibliothèque Ambroisienne, il y avait au moins deux cents têtes et caricatures faites par lui. Ce volume n'est pas du nombre de ceux que j'ai vus à Paris.

La bibliothèque Ambroisienne possède, dans plusieurs sallons, des plâtres, des objets d'histoire naturelle, des tableaux et des dessins. On a aussi apporté à Paris ce qu'il y avait de plus précieux dans ce dernier genre ; c'est-à-dire, le superbe carton de l'école d'Athènes, dessiné au crayon noir sur papier gris, et rehaussé de blanc. Les trous qu'on découvre dans ce chef-d'œuvre, prouvent que c'est le carton même dont Raffaelo s'est servi en peignant la fresque qui a été si souvent admirée à Rome. Tous les personnages de ce carton sont exécutés dans la peinture, qu'on ne trouve augmentée que de quatre figures et demi-figures.

Le grand hôpital est bien construit pour les malades, et proprement tenu. Il renferme communément sept à huit cents personnes, et quelquefois davantage. Il y a neuf médecins et quatre chirurgiens, et un très-grand nombre d'employés pour servir les malades. L'hôpital est très-riche, sur-tout par la générosité du docteur Macchi ; il peut même encore prêter des secours à un très-grand nombre d'enfants trouvés.

J'ai visité le grand théâtre, qu'on appelle communément *Teatro della Scala* : la salle est belle, et une des plus grandes et des plus commodes de l'Europe. On y joue l'opéra et la comédie. Les rideaux de soie de diverses couleurs, destinés à fermer toutes les loges, produisent un effet bizarre. Cette mode peut être commode pour les personnes qui ne veulent pas être vues, mais nuit beaucoup à la beauté de la salle.

Milan a vu naître des hommes dont les noms ont brillé et brilleront encore long-temps dans les sciences et la littérature. César Beccaria a prouvé, ainsi que Théocrite, Epictète, Euclide, La Rochefoucauld, et d'autres, qu'il ne faut pas toujours de gros volumes pour passer à la postérité. Le *Traité des Délits et des Peines* nous en donne la preuve : traduit dans toutes les langues, étudié et médité par tous les jurisconsultes et tous les moralistes, il ne cessera jamais d'assurer l'immortalité à son auteur. Les physiciens n'ignorent pas les noms du chevalier Landriani et du comte Andreani : c'est ce dernier qui, en Italie, imitant pour la première fois le célèbre physicien français Charles, eut la hardiesse de monter dans un ballon. Les PP. Frisi, Re et Lechi ont eu une grande réputation dans les mathématiques, l'architecture et l'hydraulique. Mademoiselle Marie Agnesi a aussi illustré les mathématiques par ses ouvrages : elle renonça à la gloire littéraire pour veiller sur les femmes dans l'hospice que le prince Triulzi érigea pour cinq cents pauvres vieillards des deux sexes. L'humanité souffrante et les sciences béniront donc également son nom : elle est morte en 1799, âgée de 71 ans. Les comtes Verri furent, avec d'autres personnes instruites, rédacteurs du journal *il Caffè*, qui avait presque le même but que le *Spectateur anglais :* ce journal contient plusieurs excellents articles.

Deux canaux réunissent Milan avec les rivières d'Adda et de Tésin ; on les appelle *Naviglio grande*, et *Naviglio piccolo*. Plusieurs écluses contribuent à faciliter cette réunion : elles ont été perfectionnées, mais non pas inventées, comme on le prétend quelquefois, par Leonardo da Vinci ; elles existaient déjà un siècle avant lui.

Les seize colonnes d'ordre corinthien qui ornent l'église de Santo-Lorenzo, forment aujourd'hui le seul beau monument romain qu'on trouve à Milan. Ces colonnes, qui sont composées chacune de quatre pièces, sont d'un marbre blanc qui ressemble beaucoup à celui de Musso, sur le lac de Come. On prétend que l'inscription en l'honneur de L. Aurélius Séverus n'a aucun rapport au bâtiment, mais que ces colonnes ont plutôt servi pour des thermes dédiés à Hercule, dans le bon temps de l'architecture romaine. Milan possédait beaucoup d'antiquités romaines, tant en bâtiments qu'en statues et bas-reliefs : le savant père Grazioli l'a prouvé dans un Mémoire qu'il a publié en 1735; mais tous ces monuments furent détruits quand la ville fut anéantie par l'empereur Frédéric Barberousse, dans le douzième siècle.

L'église San-Sébastiano est le plus beau morceau d'architecture qu'on trouve à Milan : il a été exécuté sur les dessins de Pellegrino Pellegrini, après la peste de 1576.

Milan a beaucoup de manufactures en soie : on y travaille bien en bronze, en fer, en or et en argent. On vient d'établir une manufacture et une école de mosaïque, dans l'ancien couvent de S. Vicenzino.

Je fus très-bien accueilli de M. Méjan, secrétaire des commandements de S. A. I. le Prince Vice-Roi. Il aime les lettres et les arts; il applaudissait beaucoup à mon projet d'un Voyage pittoresque du nord de l'Italie.

Milan fut fondée par les Gaulois, quatre cents ans avant Jésus-Christ. Les Insubres en firent leur capitale, et Polybe cite cette ville comme déjà très-grande. Elle fut prise par Marcellus, qui la fortifia. Plusieurs Empereurs d'Occident y résidèrent, et la première loi en faveur des chrétiens persécutés est datée de cette ville. Saint Ambroise y avait fixé sa résidence, comme archevêque, et Attila la détruisit au cinquième siècle : Bélisaire la reprit ensuite, et plus de trois cents mille ames y périrent, tant par les armes que par la famine. Elle se releva sous ses archevêques après que Charlemagne eût chassé les Lombards, et fait prisonnier leur dernier roi Didier. Ces archevêques jouèrent même un rôle dans les affaires des Guelfes et des Gibelins; on les regardait comme étant à la tête des derniers. Les Hongrois pénétrèrent en Italie dans le dixième siècle : alors les grands fortifièrent leurs châteaux pour s'opposer à leurs incursions, et l'on en voit même encore les restes. Quelques-uns des rois n'occupèrent le trône que très-peu de temps; le peuple voulut former une république : un empereur saisit cette occasion pour faire valoir les droits de ses ancêtres.

Au milieu du douzième siècle l'empereur Frédéric Barberousse, outré des offenses faites à son épouse, assiégea et détruisit la ville, après avoir livré plusieurs de ses habitants à des peines infâmes. Il permit cependant quelques années après, à la sollicitation du Pape, de la rebâtir. Le frère Jacob, moine de Pontida, allait de ville en ville pour soulever les esprits contre l'Empereur, qui s'était rendu maître de toute la Lombardie. Ce moine voulait faire de Milan la capitale des petites républiques. La paix de Constance fut honorable pour l'Empereur, mais plus encore pour les Italiens : son fils fut couronné roi d'Italie. Les Empereurs qui lui succédèrent ne surent pas conserver leur pouvoir. Milan changea alors à chaque instant de gouvernement. La famille Torriani gouverna sous le titre de *Podesta*. Matheo Torriani ne voulut pas laisser Othon Visconti prendre possession de son archevêché. Othon le battit, et remit les rênes du gouvernement dans les mains de son neveu Matheo. Douze du même nom gouvernèrent ensuite non-seulement le Milanais, mais même une grande partie de l'Italie, jusqu'au milieu du quinzième siècle. Giovanno Galeazo Visconti, le plus connu de la famille, prit le titre de Duc, et Jean-le-Bon, roi de France, lui donna sa fille en mariage. Il aima et protégea l'agriculture et le commerce. Ses deux fils ne conservèrent ni sa force ni sa renommée. Filippo fut le dernier du nom de Visconti. Francesco Sforza, qui avait épousé sa fille naturelle, gouverna le pays : ses talents firent oublier sa naissance, comme cela devrait toujours être. Son fils Ludovico Sforza régna quelque temps : il aimait les sciences et les arts; il avait du goût pour la musique, et il fut le premier prince qui sentit la nécessité de l'enseignement de l'art musical dans des écoles, aussi bien que des autres sciences. Il érigea lui-même la première école de musique, dont une épigramme de Giovanno Beffi, poète du temps, nous prouve l'origine. Franchino Goforio y fut nommé professeur en 1484, et il est le premier qui nous ait laissé des ouvrages imprimés sur la musique. Ce prince fut malheureux dans ses guerres contre la France, et y mourut prisonnier en 1510. Plusieurs membres de cette famille ne régnèrent qu'un moment. Charles-Quint et François Ier voulurent tous les deux posséder le Milanais ; le dernier fut fait prisonnier à la bataille de Pavie, en 1525 ; Charles se fit alors couronner roi. Par suite de la guerre de la Succession, l'Espagne céda Milan aux Autrichiens, entre les mains desquels elle est restée jusqu'au temps du grand NAPOLÉON.

Nous fûmes à Monza, séjour d'été du Prince Vice-Roi. Le château en est vaste et bien distribué. Piermarini en a fait les dessins : le jardin est beau ; on y admire dans l'orangerie la facilité avec laquelle Appiani a peint et composé l'histoire de *Psyché*. La ville de Monza qui est près du château, fut autrefois connue sous le nom de *Modicia* : les rois des Lombards y résidèrent. On voit sur la porte et dans l'église même, où est conservée la couronne de fer qui servait au sacre des rois, plusieurs monuments de ce temps.

Nous quittâmes Milan le 20 juillet, pour visiter la ville et le lac de Come, distant environ de 20 milles. On sort par la porte Comasina, qui porte le nom de la ville à laquelle elle mène. A Desio, assez gros bourg, on voit le beau jardin de Cusani ; on y examine avec plaisir diverses manières de cultiver la vigne, et un beau jardin anglais fait avec goût. On voit à Bovisio le superbe château de Monbello, où l'Empereur NAPOLÉON a séjourné quelque temps lorsqu'il traita de la paix avec le marquis de Gallo : il y a un beau jardin anglais. Cette belle propriété de la famille Crivelli, dont le nom restera toujours cher à tous ceux qui aiment à réunir l'utile à l'agréable, fut la première en Italie où l'on fit venir des arbres étrangers en pleine terre. La princesse Borghèse et la princesse Elisa furent toutes deux mariées le même jour dans la nouvelle église de Bovisio. Après avoir passé Fino, on voit Castel-Baradello, à qui on donnait autrefois le nom du *château imprenable*, nom qu'il ne peut presque plus s'appliquer depuis les dernières campagnes. Nous dessinâmes Come (pl. XII) avant d'y entrer : cette ville offre de ce côté un aspect on ne peut pas plus agréable ; les montagnes en forment le fond : l'œil du voyageur s'étonne de ne pas encore apercevoir le lac qui les sépare de la ville qu'elles paraissent couvrir.

Come, en italien *Como*, petite ville d'environ quinze à seize mille habitants, ne contient pas beaucoup d'objets de curiosité ; elle est plutôt remarquable pour avoir donné le jour à quelques personnes célèbres. La cathédrale en fut commencée en 1396 ; elle est toute en marbre, et son aspect est imposant. On prétend que Bramante a fait les dessins pour le baptistaire, et Pellegrini ceux de la cathédrale même. On y voit à l'extérieur une pierre qui a rapport à Pline le jeune, dont le buste, ainsi que celui de son oncle, ornent la façade de l'église. Basilio-Parravicino dit avec raison que cette cathédrale est une des plus belles d'Italie.

Le comte Giovio a réuni dans sa maison une collection des inscriptions trouvées dans les environs de Come : elle est très-précieuse pour l'histoire. Le chanoine Gattoni a un beau cabinet de physique, et beaucoup d'objets d'histoire naturelle. Pasquale Ricci a une belle collection d'anciennes estampes.

Plusieurs hommes illustres dans les sciences et les arts ont pris naissance à Come et dans ses environs, qu'on nomme *il Comosco*, le Comosque.

Les familles de deux papes en sont originaires : Innocent XI y naquit en 1611 ; son premier nom fut Benedetto Odeschalchi : le comte Antogioseffo Rezzonico a réfuté avec succès le bruit que Bayle, et après lui d'autres historiens, avaient répandu sur son service militaire. Burnet, évêque anglais, a dit aussi, sans le prouver, que ce pape ne savait ni le latin, ni la théologie. Carlo Rezzonico, depuis pape sous le nom de Clement XIII, né à Venise, était d'une famille originaire de Come; il y a même des auteurs qui prétendent que son frère Aurelio y vit le jour.

On a voulu augmenter cette liste des hommes célèbres de Come de deux noms chers à tous ceux qui aiment les sciences naturelles et la poésie aimable et tendre; c'est de Pline le naturaliste et de Catulle que je veux parler. Cependant il est douteux qu'ils soient originaires de Come; et, malgré la peine qu'on s'est donnée pour prouver qu'ils avaient pris naissance dans cette ville, je persiste à croire qu'il faut les rendre à Vérone et à ses environs. Ovide et Martial disent que Vérone devait autant à Catulle, que Mantoue à Virgile.

On a de même fait naître dans les environs de Come Angelica Kauffman, dont le nom est à si juste titre célèbre entre les femmes peintres; mais elle dit elle-même qu'elle n'arriva en Italie qu'à l'âge de onze mois. On est allé plus loin encore; on a aussi voulu faire Cornelius Nepos et Florus originaires des environs de Come.

Revenons à présent aux savants et artistes dont on ne peut disputer l'origine à Come et à ses environs. Les noms célèbres dans tous les genres qui se présentent à nous, prouvent que cette ville est assez riche de son propre fonds pour n'avoir pas besoin de dépouiller ses voisins.

Pline le jeune naquit à Come dans la soixante-deuxième année de l'ère chrétienne. Son père s'appelait Lucius Cecilius; sa mère fut la sœur de Pline le naturaliste. Il vint jeune à Rome; son oncle l'adopta et lui donna son nom. Il plaida dès sa première jeunesse les causes les plus difficiles : sa probité et son désintéressement le firent connaître. Il accompagna son oncle à Naples, et fut témoin de sa perte, dont il nous donne le récit dans ses Lettres. Il fut, après avoir occupé d'autres places, nommé gouverneur de la Bythinie et du Pont. Il avait beaucoup de biens dans les environs de Come, et plusieurs maisons de campagne, que les anciens appelaient *Villa*, sur les bords du lac; à peine nous en reste-t-il quelques traces.

Pline le jeune aimait beaucoup sa patrie; il prit une grande part à l'érection des écoles publiques à Come; il fit des pensions pour élever les jeunes gens peu favorisés de la fortune; il y fonda une bibliothèque publique. L'empereur Trajan l'estimait beaucoup. Il fut lié d'amitié avec les premiers savants de son temps; Tacite, Quintilien, Suétone, Silius Italicus, et Martial, furent au nombre de ses amis. Pline le jeune se retira dans sa terre de Laurentina, où l'on croit (car il n'y a rien de certain à cet égard) qu'il mourut, âgé de 52 ans, dans la douzième année du règne de Trajan.

Il ne nous reste malheureusement de Pline que son Panégyrique de Trajan, dernier monument de l'éloquence romaine, et ses Lettres. Les dernières nous annoncent divers ouvrages dont nous regrettons la perte. On trouve rarement qu'on ait fait mention des Lettres de Pline avant le douzième siècle. La première édition imprimée en fut donnée à Venise en 1471, peu de temps après que l'art de l'imprimerie eut été introduit en Italie.

On a une infinité d'éditions des Lettres et du Panégyrique de Trajan : ces ouvrages ont été traduits dans toutes les langues modernes, et cela seul fait leur éloge.

Caninus Rufus qui paraît avoir été un excellent poète grec, était aussi de Come; rien ne nous est resté de ses ouvrages : il fut l'ami de Pline le jeune, qui lui a adressé plusieurs lettres. Cecilius, l'ami de Catulle, avait aussi composé un poëme sur *Sibile*, dont il ne nous reste rien. En général, les Lettres de Pline nous font connaître plusieurs savants de Come dont les ouvrages sont perdus.

En voulant parler des savants modernes qui ont vu le jour à Come, il faut commencer par les Giovio : neuf de ce nom sont connus dans la littérature italienne et latine.

Benedetto Giovio naquit en 1471 ; il fut très-savant dans les langues anciennes, même orientales. Il écrivit le premier l'histoire de sa patrie ; il fit plusieurs traductions du grec, entre autres celle du charmant poëme d'*Héro* et *Léandre*, par Musée. Charles-Quint le créa comte. Il mourut en 1544. Les jeunes gens nobles portèrent eux-mêmes ses restes à leur dernière destination, honneur inusité jusqu'alors. En Dannemarck on honore ainsi souvent la mémoire des hommes illustres, de ces hommes qui, par leur savoir et leurs grands travaux, ont été utiles à leur pays.

Son frère, Paolo Giovio, évêque, naquit en 1484 : il donna des ouvrages sur l'éloquence et la médecine ; il écrivit l'histoire de son temps en latin : on crut voir revivre un second Tite Live. Il fut très-bien auprès de Léon X et de Clément VII. Il accompagna ce dernier à Bologne, pour le couronnement de l'Empereur, ainsi qu'à Paris, pour les noces de Catherine de Médicis. Il voyagea en Allemagne et en Hongrie avec Paul III. Giovio passa les deux dernières années de sa vie à Florence, auprès du duc Cosme de Médicis, et y mourut en 1552. Ses ouvrages imprimés sont nombreux ; ses ouvrages inédits ne le sont pas moins. On dit avec raison qu'il est un des hommes qui honorent le plus le seizième siècle en Italie.

Les deux fils de Benedetto, Alessandro et Giulio, aimèrent tous les deux les sciences et les lettres : le premier se distingua dans la philosophie et la médecine, comme dans la poésie italienne ; le dernier fut bon poète italien ; il laissa beaucoup de vers en rime octave, et fut l'ami d'Ariosto, ce qui fait son éloge auprès de la postérité.

Paolo, le fils d'Alessandro, suivit la carrière ecclésiastique, et fut évêque à Nocera. Il assista au concile de Trente, et fut lié d'amitié avec Carlo Borromeo ; il fut un des bons poètes latins de son temps. Gian-Batisto, petit-fils du dernier Giulio, a laissé plusieurs ouvrages utiles pour l'étude de l'histoire.

Les sciences et les lettres firent une grande perte dans celle de Giulio, le fils de Gian-Batisto, qui mourut à l'âge de vingt-trois ans. Jamais jeune homme ne donna de plus grandes espérances. Il a laissé, entre autres ouvrages, un recueil précieux des bons-mots français, italiens, latins et espagnols.

Le comte Gian-Batisto, petit-fils de Giovio du même nom, vit encore aujourd'hui. La morale, les arts, et des sujets qui tendent à illustrer son pays, ont occupé sa plume. On distingue de lui un Discours sur la peinture ; une Lettre et un Eloge de Bassano, natif de Lugano ; des Pensées diverses ; les Eloges d'Algarotti et de Benedetto Giovio, ainsi que l'Histoire de Paolo. Il a encore donné divers ouvrages sur sa patrie, et entre autres un Dictionnaire sur les hommes célèbres du diocèse de Come, que j'ai parcouru avec plaisir. L'homme qui écrit l'histoire de son pays peut quelquefois paraître partial, mais jamais il ne cesse d'être utile : il fournit toujours des notes intéressantes, et on lui pardonne volontiers ses préventions, en faveur de son amour pour sa patrie ; cet amour est la source de toutes les vertus.

Le comte Antogioseffo Rezzonico, né à Come en 1709, fit ses premières études à Milan et à Rome ; il s'était déja distingué par divers Discours latins, lorsque, dans la guerre d'Italie, vers le milieu du dix-huitième siècle, il prit du service sous l'infant Don-Filippo. Il chanta avec succès, en 1757, la prise du Port-Mahon. On admire à-la-fois, dans son poëme, son génie poétique et son savoir. Il publia, en 1763 et 1767, deux vol. in-fol. des Recherches sur les Pline : il y traite de leur patrie, de leurs ouvrages, des éditions qu'on en a, et des commentaires qu'on en a fait. Cet ouvrage savant prouve combien l'auteur aimait le travail, et répand de grandes lumières sur l'histoire des deux célèbres écrivains qui en forment le sujet. Il mourut en 1783, gouverneur de la citadelle de Parme. Il a laissé deux manuscrits, dont ses ouvrages imprimés font vivement desirer la publication : l'un est une Description détaillée du Lario ; l'autre, des Notes sur la vie et les ouvrages de Leonard de Vinci.

Son fils Carlo Gastone, secrétaire de l'Académie des Beaux-Arts de Parme, est un des meilleurs poètes italiens modernes. On a aussi de lui des Eloges écrits avec élégance en prose.

Francesco Rezzano, chanoine, naquit à Come en 1731 : il mit *Job* en vers italiens; cet ouvrage est très-estimé; on en a plusieurs éditions. Il fit un poëme intitulé : *Il Trionfo della Chiesa;* la conception n'en est pas des plus heureuses : on y admire cependant en plusieurs endroits la verve poétique. On m'a assuré que l'impératrice Marie-Thérèse donna ce poëme à lire au prince de Kaunitz, et que cette lecture valut une pension au poète. Rezzano publia en 1771 douze Cantiques sacrés, en latin et en italien; il augmenta leur nombre de douze en 1776. Dans le dix-septième cantique, l'auteur a tracé son propre portrait : ce cantique a pour titre : *Les Misères de la vie;* pénétré de son sujet, il exprime par-tout ses pensées avec le sentiment du malheur : pour le bien peindre, il faut l'avoir éprouvé. L'imagination seule crée plus facilement les tableaux du bonheur, parce qu'elle s'y arrête avec plus de complaisance. Un de ses amis dit qu'on trouve dans ses Cantiques la sublimité et l'énergie de David, accompagnées d'une tristesse philosophique. Il nous apprend en même temps que le bréviaire et le chant du chœur suffisaient pour inspirer notre ecclésiastique; qu'il lisait peu, mais que s'il entendait quelques belles choses, elles pénétraient jusqu'au fond de son ame. Rezzano réunissait tous les caractères des grands talents : il aimait la solitude comme La Fontaine; on le trouva des journées entières assis sur les bords de la Bregia, rivière rapide, et livré à ses méditations poétiques : il lisait ses vers à son domestique, comme Molière à sa servante. Il mourut en 1780 : ses Cantiques l'accompagnèrent au tombeau; il avait desiré qu'on en plaçât un exemplaire à côté de lui.

Francesco Cigalini naquit en 1489, et fut un des hommes les plus érudits de son temps : il cultiva avec succès les langues hébraïque et grecque. On a de lui des ouvrages de mathématiques : il mourut en 1550. Son fils Paolo fut professeur de médecine. Il est auteur de plusieurs dissertations sur la patrie de Pline le naturaliste : un de ses parents conserve encore plusieurs de ses manuscrits, où il montre de grandes connaissances en médecine et en zoologie.

Le célèbre physicien Alessandro Volta naquit à Come en 1745. Jeune encore, il cultiva avec succès la poésie latine. Entré en correspondance avec l'abbé Nollet, il s'adonna tout entier à la physique, et publia plusieurs ouvrages sur cette science. Il a inventé le *condensateur,* instrument qui diffère peu de l'*électrophore*. Le célèbre minéralogiste et physicien Haüy dit : « que son usage est de rendre sensibles de très-petites quantités d'électricité fournies par des « corps environnants, en les déterminant à s'accumuler sur la surface qu'il présente à leur « action. » La théorie de Volta sur le *galvanisme,* et ses belles découvertes dans ce genre, sont trop connues pour que j'en parle : elles lui valurent une marque de distinction particulière de l'Institut de France. Volta professe actuellement avec succès à l'université de Pavie.

Bartolomeo Bianchi fut bon architecte. Il quitta sa patrie très-jeune, et exerça son art à Gênes, où il laissa des preuves de ses talents.

Giambatista, son fils, le suivit à Gênes, et commença par étudier l'architecture, qu'il quitta pour s'occuper de la sculpture. On parle beaucoup d'un *Bacchus* de lui, qu'on dit avoir été transporté en France. Lié d'amitié avec Giovanni Battista Crespi, il s'essaya aussi dans la peinture, il y eut même quelques succès. Il mourut de la peste à Gênes, en 1657, un an après son père.

Isidoro Bianchi fut bon peintre d'histoire; ses ouvrages sont connus.

Pietro Bianchi, élève de Benedetto Crespi, appelé *il Bustino,* ainsi que son maître, qui l'avait adopté après l'avoir retiré de la maison des Enfants-Trouvés, peignait avec facilité, mais sans correction : on voit beaucoup de ses ouvrages à Come.

Domenico Ricci, surnommé *Brusasorci*, n'est pas de Vérone, comme quelques personnes le prétendent, mais des environs de Come. Il apprit, jeune encore, son art à Vérone, et surpassa bientôt son maître Caroto : le nom de ce peintre est très-connu. Il étudia avec attention les ouvrages de Tiziano et de Giorgiono. Il peignit beaucoup dans la cathédrale de Mantoue, et mourut en 1567, âgé de 73 ans.

Carlo Carloni, habile peintre, naquit dans les environs de Come dans l'année 1681. Il se perfectionna dans son art en Allemagne, à Venise et à Rome. On voit beaucoup d'ouvrages à fresque de lui en Allemagne : la longue galerie de Ludvigsburg passe pour son chef-d'œuvre : il travailla dix ans à Vienne. On voit de ses ouvrages dans les églises de Brescia, et on trouve dans la bible de Kilian une *Descente de croix* gravée d'après lui. Cet artiste a lui-même gravé à l'eau-forte. Il fut lié d'amitié avec Tiepolo, et mourut dans sa patrie en 1773. Son frère Diego fut un des premiers sculpteurs de son temps.

Giuseppo Vignoli Caduri, né en 1720, fut bon peintre d'architecture : on voit beaucoup de ses ouvrages.

Trois artistes du nom de Columbo ont beaucoup peint à l'huile et à fresque, et sur-tout en Allemagne. Ils rapportèrent dans leur patrie de la réputation et des richesses.

Michele Angiolo Colonna naquit en 1600 à Rovenna, petite terre vis-à-vis de Come : c'est un des artistes qui honorent le plus son pays. Il fut élève de Giovanni Curti, appelé *il Dentone*, célèbre peintre d'ornements et d'architecture. On voit beaucoup de ses ouvrages à Bologne : il travailla long-temps en Espagne avec Agostino Mitelli, etc., en plaçant des figures dans les tableaux des autres, il saisissait si bien la manière du peintre auquel il s'associait, qu'on croyait le tableau tout entier de la même main. Colonna fut de même occupé à Paris, à son retour d'Espagne, en 1662. Il travailla à Florence au palais Pitti ; on l'occupa aussi à Modène, à Padoue et à Rome. Il mourut en 1687.

Benedetto Crespi avait un pinceau agréable, une manière pleine de force et d'élégance : il travailla beaucoup à Bologne. Son fils, Anton Maria, surnommé *Bustino*, fut son élève, et fit honneur à son maître. Très-attaché à sa mère, il ne voulut jamais se marier : il adopta, comme nous l'avons dit, son élève Pietro Bianchi, et lui légua ses dessins. Come a encore donné le jour à un habile peintre de fleurs et de fruits, du nom de Crespi.

Erole Ferrata, célèbre sculpteur, naquit aussi dans les environs de Come. Il étudia et travailla beaucoup à Rome. On voit de ses ouvrages dans presque toutes les églises de cette ancienne capitale du monde. Je ne citerai pour l'éloge de cet artiste que la statue du pape Clément X, sur sa tombe, dans l'église de Saint-Pierre ; ainsi que celle de la Justice, sur le tombeau du pape Clément IX, dans l'église de Santa Maria Maggiore. Il mourut à Rome en 1686.

Carlo Fontana, architecte distingué, naquit à Bruclato sur le lac, en 1634. Il étudia sous Bernini a Rome, et on lui confia les plus grands travaux. Il abusa quelquefois de sa trop grande facilité. Le pape Innocent XI le chargea de donner la description de la basilique de Saint-Pierre de Rome : cet ouvrage parut en 1694, accompagné d'une grande quantité de planches. Il est rempli de projets pour finir ce monument, ce qui prouve son génie. Carlo donna aussi un ouvrage intitulé l'*Amfiteatro Flavio*. Il mourut en 1714.

Tomaso Malvito, habile sculpteur, travailla à Naples, où il mourut en 1500.

Pellegrino Pellegrini, célèbre comme peintre et comme architecte, naquit à Valsoldo, dans les environs de Come, en 1522. Il travailla beaucoup en Espagne et à Milan, et mourut dans cette dernière ville en 1592.

Les meilleurs sculpteurs en stuc, répandus autrefois dans tous les pays, furent presque toujours de Come et de ses environs. On distingue dans ce genre les noms de Carlo Lucca Pori et de son fils Domenico, qui travaillèrent avec succès pour presque toutes les cours de l'Allemagne.

La musique fut aussi cultivée avec succès à Come. La famille de Cima fut célèbre dans la composition musicale; et aujourd'hui Pasquale Ricci, maître de chapelle de la cathédrale de Come, est connu comme un excellent compositeur. Son *Dies iræ*, qui lui fait le plus grand honneur, prouve qu'il savait passer de l'agréable au sévère. Plusieurs anglais s'étant fait répéter plusieurs fois cette belle composition, la firent imprimer à leurs frais, et gratifièrent son auteur d'un grand nombre d'exemplaires. Plusieurs musiciens employés dans les divers orchestres de Paris sont aussi de Come.

L'origine de la ville de Come se perd dans la nuit des temps, comme presque toutes celles des villes d'Italie. Caton le censeur, homme savant, dont Cicéron et Aulugelle font mention, et auteur d'un ouvrage sur l'origine des villes d'Italie, dit que la ville de Come fut d'abord habitée par les Orobiens. Nous tirons cette note de Pline le naturaliste, car l'ouvrage de Caton n'existe plus. Pline ajoute qu'il ne savait pas d'où viennent les Orobiens; d'autres auteurs ont voulu les faire descendre des Grecs: rien n'est plus facile que de faire des conjectures sur l'étymologie des mots.

La ville de Come est située à la partie méridionale du lac, auquel on donne aujourd'hui le même nom. Les anciens l'appelèrent *Larius*. On doute si ce nom dérive du mot étrusque *lar*, qui signifie prince, ou de *lari*, espèce d'oiseaux aquatiques qu'on trouve en abondance sur le lac. Les bords du lac furent habités par les Etrusques, les Orobiens et les Gaulois: ces derniers furent vaincus par les Romains, qui y envoyèrent une colonie romaine et une grecque. Strabon rapporte que le père de Pompée-le-Grand y envoya une colonie de cinq cents Grecs, pour repeupler ce pays, dévasté par les Rhétiens. De ce temps dérivent vraisemblablement les noms grecs donnés à divers endroits sur le lac, ainsi que celui des Celtes et des Goths, nations qui furent depuis maîtresses de ce pays. La famille de Rusca et d'autres seigneurs regnèrent à Come dans le temps de l'anarchie et des guerres civiles. Come eut depuis le même gouvernement que la ville de Milan: elle est aujourd'hui ville départementale du royaume d'Italie.

Nous nous embarquâmes sur le lac de Come, à qui quelques personnes donnent soixante milles de long; d'autres veulent qu'il n'en ait que quarante. Il est très-étroit, ce qui fait paraître les montagnes qui le dominent des deux côtés beaucoup plus hautes qu'elles ne le sont en réalité. Nous commençâmes par côtoyer le bord occidental. On arrive à Cernobbio, situé auprès de la Breggia, petite rivière qui prend sa source en Suisse: les bateliers de ce pays sont regardés comme les meilleurs du lac. On voit plusieurs jolies campagnes. Un torrent qui coupe le village de Moltrasio lui donne un aspect singulier. On passe devant des pays bien cultivés avant d'arriver à Brienno, où la culture commence à être moins soignée. Les montagnes sont couvertes de lauriers, ce qui leur donne un aspect de printemps, même au milieu de l'hiver: on fait un commerce assez considérable de l'huile qu'on tire des baies de cet arbre, et dont les vétérinaires font grand usage. On voit bientôt Comacina (pl. XIII), petite île qui offre un aspect agréable: on l'appelle aussi l'île de Saint-Jean, ou simplement l'Isola. On parle souvent de cette île dans l'Histoire du moyen âge: ses habitants dominèrent sur une grande partie de la terre ferme, et firent souvent la guerre aux Comasques, qui finirent par les forcer d'aller habiter à Varenna, sur l'autre côté du lac. Des rois, des généraux et leurs amis s'y réfugièrent souvent, et des hommes célèbres de tous les deux partis y trouvèrent un asyle. On arrive à Balbiano, où le cardinal Durini a fait construire une jolie maison, peu éloignée de la Villa, qu'on croit, d'après Giovio, être celle des maisons de plaisance de Pline le jeune, dont il parle dans ses Lettres sous le nom de *la Comédie* (Boldoni la place à un autre endroit). A Lenno on voit diverses antiquités : de cet endroit à la Candanabia, il y a une lieue, qu'on fait ordinairement à pied, pour être plus à portée d'admirer la fertilité du sol et la beauté des sites. On appelle cet espace placé environ au milieu du lac, la *Tramezzina*, et on le compare avec raison au Nice de l'Italie méridionale. Les villages y sont parsemés de toutes parts, ainsi que les belles maisons de campagne; on admire sur-tout celle de M. Sommariva. Le climat est assez doux pour que les orangers n'aient besoin que d'être couverts. Les oliviers et les vignes ornent les montagnes jusqu'à demi-hauteur. On y trouve de beaux marbres, et on est tout étonné d'y voir très-bien venir les câpriers, plante assez délicate. Menaggio est un bourg assez considérable, qui a une jolie fabrique de poterie, pour laquelle on trouve une bonne argile dans les environs. C'est de-là qu'on fait une excursion à Lugano, quand on a le temps de la faire, ce qui nous manquait. On arrive à Nobiallo; l'église de ce village (pl. XIV) est adossée à la montagne, et offre un aspect singulier. Les carrières de plâtre de ces environs sont fameuses; elles en fournissent même à Milan. Non loin de là on exploite des mines de fer à La-Gaeta; ce minéral est un fer oxidé pulvérisant et ocreux, d'une couleur jaune-foncée. Nous traversâmes le lac dans cet endroit, pour visiter sa côte orientale; il a plus de quatre-milles de largeur : on arrive à Bellano, bourg assez considérable, très-connu par un phénomène naturel, qu'on appelle l'*Orrido*, et qui est une de ces merveilles dont la description enchante souvent plus que la vue : ce phénomène ne consiste que dans un chemin étroit que la rivière de Pioverna a creusé dans une roche d'un schiste quartzeux, à une profondeur de plus de cent pieds. Les deux bords du lac sont agréables; les fabriques offrent généralement ce bon goût (pl. XV), contre lequel les simples habitations pèchent souvent moins que les châteaux des grands : une noble simplicité plaît toujours plus à l'œil qu'un faste recherché. De Bellano à Varenna, on voit une chaux carbonatée noire, dont on fait de beaux ouvrages dans ce dernier endroit. Près de Varenna, on trouve une chaux carbonatée grisâtre coquillère, qu'on appelle *occhiadino*. L'aloës fleurit en pleine terre, entre les rochers, dans le jardin Isimbardi. A un mille de là on voit le Fiume-latte, petite rivière qui, en descendant perpendiculairement entre les roches, de plus de deux cents pieds, ne présente, dans sa hauteur, qu'une masse d'écume, ce qui a donné l'origine à son nom. On est à présent près d'entrer dans une branche du lac de Come, qu'on appelle quelquefois *Lago di Lecco*. On vient d'établir près de là une verrerie, dont l'heureuse position, près du lac et des matériaux nécessaires à la fabrication, fait espérer la réussite. Près de Pescale on voit la Villa Serbeloni, où la nature n'a pas peu contribué à embellir le jardin. C'est dans cet endroit, à ce qu'on prétend, qu'était placée la campagne de Pline le jeune qu'il appelait *la Tragédie*. En venant de Varenna, Mandello, assez gros bourg (pl. XVI), entouré de montagnes calcaires, qui ont même fourni quelques filons de galène, se présente de la manière la plus pittoresque : tout l'ensemble forme une de ces compositions qu'on appelle *poussinesques*, en l'honneur du sublime artiste qui nous en a si souvent fourni de semblables dans ses tableaux. Les châtaigniers et les prairies y abondent. Deux milles plus loin, est Bodia, où il y avait autrefois un couvent. Les moines y propagèrent beaucoup la culture des oliviers et de la vigne. A Laorca on voit une assez jolie grotte calcaire. On arrive à Lecco, assez gros bourg dans une situation on ne peut plus heureuse : on prétend que c'est une des colonies du consul Marcellus. Les colonnes de la façade de l'église (pl. VI), quoique irrégulièrement placées, pourraient peut-être passer pour un reste d'antiquités de ce temps. Lecco est encore intéressant par ses manufactures : on y voit des fontes et plusieurs travaux en fer et en cuivre, et on y admire plusieurs moulins à soie, où des machines ingénieuses épargnent beaucoup de bras d'hommes. Nous traversâmes ensuite cette branche du lac jusqu'à Parete, où de nombreux fours à chaux en fournissent même à Milan. On arrive enfin à Bellagio, où l'on entre de nouveau dans le grand lac de Come, dont nous côtoyâmes le bord oriental. A Nesso, où il y a une belle cascade, les fabriques (pl. XVII) sont charmantes, et ont un caractère à elles qui les distingue des autres fabriques de ces contrées. Un habitant des environs de ce lac, en voyant le dessin destiné à la planche ci-dessus, ne me disait pas : « C'est une fabrique sur le lac, mais me disait : c'est une fabrique de Nesso même ». Nous ne tardâmes pas d'arriver à la Pliniana, séjour charmant, connu depuis tant de siècles. On ne s'est que trop souvent imaginé que ce lieu fut une des campagnes de Pline le jeune; mais c'est une erreur : ce nom n'a été donné à cet endroit que parce qu'il offre un phénomène de la nature dont les deux Plines ont les premiers fait mention, et qui s'est renouvelé encore journellement à notre vue. Le beau palais qu'on y voit (pl. XVIII) n'a été construit qu'en 1570, par Anguisola. La situation de ce château sur le bord du lac, et la manière pittoresque dont il s'y reflète, ajoutent encore à l'agrément de ce séjour. Des montagnes couvertes de toute espèce d'arbres en forment le fond; et au milieu d'elles on voit tomber une cascade dont le coup-d'œil est plus ou moins ravissant, selon la quantité d'eau plus ou moins forte que les montagnes fournissent après les pluies des diverses saisons.

On voit dans la cour de cet endroit célèbre (pl. XIX) la fontaine intermittente qui fit l'admiration des deux Plines. Pline le jeune l'a décrite dans une lettre à son ami Licinius, qu'il *invite à découvrir les véritables causes de ce phénomène*. La meilleure description que je puisse en donner est la lettre même de Pline qu'on trouve en latin et en italien auprès de la fontaine. Cette lettre est d'autant plus intéressante, qu'on ne peut raisonnablement, après tant de siècles écoulés, attribuer ce phénomène qu'aux vents, comme le fait Pline. Deux vents soufflent toujours à la même heure sur le lac. On donne le nom de *Breva* à celui du sud-ouest, qui souffle régulièrement depuis midi jusqu'au soir; et on appelle *Tivano* celui du nord-est, qui souffle régulièrement depuis minuit jusqu'au lendemain matin. Pline le jeune dit : « Une fontaine prend sa source dans la montagne, coule entre des rochers, passe dans une petite salle à manger, ouvrage de l'art, s'y arrête quelque temps, et enfin tombe dans le lac de Come. Ce qui rend cette fontaine merveilleuse, c'est qu'elle a un flux et un reflux; qu'elle hausse et baisse réglément trois fois le jour. Ce jeu de la nature est sensible aux yeux; et on ne le peut voir sans un extrême plaisir. Vous pouvez vous asseoir sur les bords de cette fontaine, y manger, boire même de son eau; car elle est très-fraîche : et vous voyez cependant, ou qu'elle monte peu-à-peu, ou qu'insensiblement elle se retire. Vous mettez un anneau, ou ce qu'il vous plaît, en un endroit de ses bords qui est à sec : l'eau qui revient peu-à-peu gagne l'anneau, le mouille et le couvre tout-à-fait. Quelques moments après, l'eau, qui baisse peu-à-peu, découvre l'anneau, et à la fin l'abandonne. Si vous observez long-temps ces mouvements divers, vous verrez la même chose arriver jusqu'à deux et trois fois par jour. Quelque vent renfermé dans le sein de la terre, ouvrirait-il, ou fermerait-il quelquefois la source de cette fontaine, selon qu'en y pénétrant il arrête l'épanchement des eaux, ou *que repoussé par elles, il se dissipe*, à-peu-près comme il arrive dans une bouteille dont l'ouverture est un peu étroite? Quoique vous la renversiez, l'eau qui en sort ne coule pas également : mais, comme si l'air qui fait effort pour entrer la retenait, elle ne tombe que par de fréquents élans, qui ne ressemblent pas mal à des sanglots. La même cause qui fait croître et décroître si régulièrement, ferait-elle le mouvement réglé de cette fontaine? Ne serait-ce point aussi, que comme les fleuves, emportés par leur pente vers la mer, sont forcés quelquefois de remonter, par des vents ou par un reflux qui s'opposent à leurs cours; de même il se rencontre quelque obstacle interne, qui successivement arrête et renvoie l'eau de cette fontaine? N'y aurait-il pas plutôt une certaine capacité dans les veines qui fournissent cette eau, et qui fait que lorsqu'elles se sont épuisées, et qu'elles en rassemblent de nouvelles, la fontaine qui n'en reçoit plus, diminue, et coule plus lentement? qu'au contraire elle augmente et coule plus vîte, dès que ces mêmes veines remplies renvoient la nouvelle eau qu'elles ont ramassée? Serait-ce enfin dans quelque souterrain une espèce de réservoir secret et caché qui, en se vidant, fait monter et couler la fontaine, au lieu qu'en se remplissant il retient l'eau, et en laisse à peine échapper quelques bouillons. »

La curiosité est satisfaite quand on a vu la Pliniana, et, ce qui est encore plus rare, elle n'a pas été trompée. On voit avec peine Torno, lieu aujourd'hui de peu de conséquence, et qui autrefois passait pour le rival de Come. A Perlasca, M. Tanzy a une des plus jolies maisons de compagne sur le lac : on y voit un jardin botanique, riche en plantes rares. On passe devant plusieurs jolies campagnes, comme il y en a toujours dans le voisinage des villes, et on rentre à Come, content d'avoir examiné les bords d'un lac que beaucoup de voyageurs voudraient voir, s'ils pouvaient seulement en soupçonner les beautés. Les habitants des contrées que nous venons de parcourir sont en général très-industrieux; ils s'occupent beaucoup de tous les genres de commerce et des arts. Des horlogers, des marchands d'estampes, et des personnes de tant d'autres professions qu'on trouve souvent dans les pays les plus éloignés, sont des environs de Come. Ils aiment beaucoup à voyager, et naturellement économes, ils rapportent dans leurs foyers un capital suffisant pour leur faire passer tranquillement leur vieillesse dans leur pays natal.

En 1120, les Milanais attaquèrent Come, et les sept années suivantes, les Comasques furent obligés de se défendre. En 1127, Come se rendit. Cumanus, poète natif de Come du même temps, nous a donné, dans un poëme plus important pour l'histoire qu'intéressant pour la poésie, les plus grands détails de ces guerres.

Nous repassâmes à Milan pour continuer notre route vers Pavie. Il n'y a de Milan à cette dernière ville que vingt milles; ce qu'on compte pour un peu plus de trois postes. Par-tout des canaux, des prairies superbes; le maïs et le trèfle blanc y sont d'une grande beauté : on appelle ce pays, avec raison, *le jardin de l'Italie*. Après avoir fait quinze milles, on voit à gauche la fameuse Chartreuse de Certosa, qui n'est distante que d'un mille de la grande route. Elle fut supprimée, il y a plus de vingt-trois ans, par Joseph II. Ce monastère possédait des richesses immenses : on y comptait plus de soixante-dix Frères, et ses revenus annuels montaient à deux millions de *lire*. Les bâtiments du couvent et de l'église prouvaient leur richesse. La couverture en plomb, seule, a été vendue plus de cinq millions de *lire*. La façade entière est sculptée en marbre; mais le travail en est surchargé de manière à le rendre désagréable à l'œil. L'architecte du couvent fut le même que celui de la cathédrale de Milan. Les figures qui entourent le tombeau du fondateur Visconti, s'éloignent trop de l'antique. Il est étonnant de voir les richesses qu'on a par-tout prodiguées dans des marbres assez mal sculptés, et dans des mosaïques souvent maniérées. On y voit un autel en dents d'hippopotame sculpté, morceau fort rare; mais les scènes de la Bible qu'il représente ne sont pas toujours bien exécutées. On voit de belles fresques de Danielo Crespi, et d'autres maîtres. Il y a des tableaux de Campi, de Crespi, de Procacini, et d'autres peintres. On y admire de belles têtes dans quelques peintures des plus anciens peintres. Il y avait au haut de l'église un Perugino, un Albrecht Dürer, que les Français choisirent avec un Camillo Procacini, et deux à trois autres. Plusieurs tableaux sont gâtés. On distingue parmi eux une petite fresque représentant une Trinité. Il paraît en général que ce couvent n'a pas employé de fortes sommes pour se procurer des chefs-d'œuvre de l'art : on y admire plus souvent le luxe que le bon goût. Il y a maintenant ici vingt-trois Carmélites Scalti, dont cinq jouissent d'une pension de sept cents *lire*; les autres n'ont que quatre cents cinquante *lire*. Nous avions encore quatre milles à faire pour nous rendre à Pavie, où nous arrivâmes à midi. Sa cathédrale est d'un mauvais goût, et même la grande partie qui en est reconstruite. Quelques restes gothiques annoncent qu'elle a été de son commencement érigée dans le style du temps. Le pont sur le Tésin (il Tesino), une des plus grandes rivières d'Italie, est magnifique. La ville n'a, pour ainsi dire, qu'une rue dans sa longueur, qui se prolonge depuis l'ancien château des Lombards jusqu'au pont. Ce pont, un des plus beaux de l'Italie (pl. XX), est composé de plusieurs arches de grandeur inégale : il est couvert et assez large pour que deux voitures puissent y passer à l'aise. La rivière y est très-large et bien navigable, ce qui ne contribue pas peu à la richesse du pays. Par-tout on y voit employé le beau granit du lac Majeur. Le pont, construit par Galeazo Visconti, offre le plus bel aspect du côté de la ville, qu'il sépare d'un petit faubourg. On y voyait, il y a quelques années, une statue équestre en bronze, qu'on attribua à Lucius Verus et à Marc-Aurèle, et qui appartenait plus vraisemblablement à Antonius Pius : on en admirait le cheval; mais on critiquait beaucoup le cavalier. Elle a été une proie de la révolution, ainsi que les couvents des Augustins et des Dominicains. On donne à cette ville trente mille habitants; d'autres ne lui en accordent que vingt mille. Son université est très-ancienne et fort célèbre; elle a été beaucoup protégée et agrandie par Joseph II. Les noms d'un Tissot, d'un Franck, d'un Spallanzani, d'un Volta, et de tant d'autres savants recommandables, l'ont illustrée. Tous les professeurs étaient alors en vacances; elles durent quatre mois de l'année, à compter depuis le commencement de juillet. On comptait, il y a deux ans, plus de mille étudiants à l'université; l'année passée, il n'y en avait que sept cents, et l'on craint encore que, l'année prochaine, ce nombre ne soit considérablement diminué.

La collection d'histoire naturelle est très-belle; elle doit presque tout à l'infatigable Spallanzani. Dans une salle, sont placés les animaux dans de grandes armoires : les oiseaux sont nombreux et bien conservés, ce qui n'arrive pas toujours, ainsi que les serpents. Après avoir visité presque tous les cabinets de l'Europe, on peut encore s'étonner de la quantité d'objets rares qui se trouvent : ici tout est classé d'après Linnée et Buffon, aux méthodes desquels Bonnet a fait quelquefois d'heureux changements. Les minéraux sont distribués dans trois salons : dans l'un sont les pierres, dans l'autre les métaux, et dans le troisième les roches. Les morceaux sont en général d'une grandeur convenable à l'étude, et bien choisis. Spallanzani a sur-tout donné toutes les productions volcaniques. Les armoires sont trop hautes, faute qu'on trouve répétée dans presque toutes les collections minéralogiques exposées publiquement; elle ne laisse pas d'être ici d'autant plus sensible, que les minéraux ont, de toutes les parties de l'histoire naturelle, le plus besoin d'être observés et étudiés de près. L'Empereur Napoléon a fait plusieurs cadeaux à ce cabinet, tant en quadrupèdes qu'en oiseaux. La collection physique et mécanique est riche en beaux instruments faits à Londres, à Paris, et à Pavie même. Le cabinet anatomique, qui est très-beau, est distribué dans trois chambres.

La Bibliothèque compte plus de soixante-dix mille volumes. On me fit cadeau d'un prospectus des professeurs, dont on fait hommage aux gens de lettres. La faculté physico-mathématique est composée de douze professeurs : Spallanzani est remplacé par Mangeli; Barelli est professeur d'agriculture; le nom de Volta est assez illustre. La faculté de médecine a dix professeurs, entre lesquels les noms de Scarpa et de Brugnatelli sont connus chez l'étranger. Norca est directeur du jardin botanique. La faculté de jurisprudence compte dix professeurs, douze émérites, et vingt répétiteurs. Il y a plusieurs collèges où un certain nombre d'étudiants sont logés et nourris comme chez moi, à Copenhague. Celui qui fut fondé par Carlo Borromeo est le plus grand et le plus riche; on y compte trente-six étudiants : on y voit dans une grande salle, d'où l'on jouit d'une vue superbe, de belles fresques peintes il y a plus de deux cents ans : les deux qui sont au bout sont de Zuccari Urbino, et représentent, l'une la peste de Milan, et l'autre Santo Carlo qu'on fait cardinal. Le plafond, qui est peint par Cesare Nebianato d'Orbieto, représente aussi l'histoire de Santo Carlo. Ces deux artistes furent de l'école de Raffaello.

Le jardin botanique est partagé en trois parterres. On a construit, l'année passée, une belle serre qui a coûté 35,000 livres. Le jardin compte six à sept mille plantes bien cultivées. Les parterres sont tous entourés de la ketmie des jardins (*hibiscus syriacus*, Linn.) : ce qui offre un assez joli aspect, quoique cette plante soit taillée symmétriquement.

La ketmie appartient à la famille des *malvacées*. Cet arbrisseau sert en plusieurs endroits de l'Italie comme haie, et réussit parfaitement pour empêcher les dévastations des animaux. Cette plante, originaire des parties orientales de l'Europe et de l'Asie, est connue de temps immémorial dans les jardins sous le nom d'*althœa frutex* et de *mauve en arbre*.

Le 27 décembre, qui fut un dimanche, je courus beaucoup dès le matin pour chercher le jardin Economique (l'Orto Agrario), dont le nom du professeur était annoncé sur la liste des institutions de l'Université; enfin un pharmacien me l'indiqua. Je sortis par la Porte Stopa, et après une demi-heure de marche, j'arrivai à l'ancien jardin de Fra Jacomo, qui, d'après un décret du mois d'août dernier, comme l'indiquent trois grandes inscriptions, doit devenir un jardin économique : on n'y voit encore que de mauvaises herbes; le local en est beau. Le professeur Barelli en est nommé directeur, et le jardinier s'appelle Vacati.

La ville de Pavie est, d'après le témoignage de plusieurs auteurs, beaucoup plus ancienne que Milan. Elle porta dans le commencement le nom de *Ticinum*, d'après la rivière qui la traverse, et ensuite celui de *Papia*, avant qu'elle eût son nom actuel. Les seigneurs italiens tinrent une diète à Pavie au commencement du onzième siècle, et y élurent pour roi des Lombards Ardoin, marquis d'Ivrée. Pavie devint depuis cette époque une rivale dangereuse pour Milan, qui auparavant prétendait tenir seule le premier rang entre les villes de la Lombardie. Henri d'Allemagne fut élu roi des Lombards à Milan, presque vers la même époque. Pavie s'étant révoltée par suite de cette double élection, fut consumée par les flammes; mais ses habitants la rebâtirent de nouveau, l'entourèrent de murailles, et jurèrent de se venger des injures qu'on leur avait faites.

Nous quittâmes Pavie à huit heures du matin, pour continuer notre route vers Plaisance. Il y a trente milles pour aller à cette ville : on fait une route de traverse très-agréable, et presque toute entourée de haies vives. On a planté des chênes en beaucoup d'endroits, surtout dans le voisinage du Pô, qui alors n'était pas trop fort, et que nous traversâmes dans un bac. Ce trajet, quoique très-court, ne laisse pas d'être assez dangereux pendant les grosses eaux, ainsi que plusieurs autres passages qu'on trouve sur la route de Pavie à Parme.

J'ai vu cultiver en différents endroits une plante à fleurs jaunes, dont on fait de l'huile; on l'appelle dans le pays *ravison*; elle appartient à l'espèce de raffano : je crois que c'est la *brasica napus*, Linn., qu'on appelle en français *navette* ou *rabiole*. On trouve de temps en temps la vigne soutenue par des espèces d'échalas.

Nous passâmes à Castel-San-Giovanni, d'où il y a encore douze milles jusqu'à Plaisance. Nous arrivâmes à six heures et demie du soir dans cette dernière ville. Nous fûmes aussitôt sur les remparts, où tout le beau monde se promenait, parce que c'était un dimanche : des carrosses assez mesquins étaient ornés par derrière de deux domestiques en livrée; plusieurs s'arrêtèrent devant un café pour prendre des glaces.

Une partie du lundi 28 juillet fut employée à visiter la ville. Plaisance, en italien, *Piacenza*, n'a rien perdu de sa population; on prétend toujours qu'elle compte environ trente mille habitants : elle a été fondée, par les Romains, l'an de Rome 569; on dit même que cette nation guerrière y envoya d'abord une colonie, et appela la ville *Placentia*, à cause de sa belle situation et de son air salubre. Pline en donne comme preuve, que les Romains y trouvèrent, en y faisant le dénombrement des habitants, plus de huit personnes qui avaient passé l'âge de cent ans.

Je connaissais très-bien cette ville, ainsi que celle de Parme, avant d'y arriver. J'avais pour ainsi dire, parcouru le ci-devant duché de Parme, sans y mettre le pied, dans une description que M. Moreau de Saint-Méry en a faite pendant qu'il en était administrateur général, de 1802 à 1806. Il faut espérer que cette intéressante et agréable description verra bientôt le jour; les utiles recherches que son estimable auteur avait occasion de faire, ne peuvent qu'intéresser l'homme de lettres et l'artiste.

Deux statues équestres en bronze, représentant deux princes de la maison Farnèse, l'un Alexandre, et l'autre Ranuce Ier son fils, embellissent la place de la Cathédrale, mais sont, à mon gré, au-dessous de leur grande réputation. Celle du père passe généralement pour être la meilleure des deux. On les a long-temps attribuées à Jean de Bologne; mais le savant Poggiali, qui a tant contribué à illustrer l'histoire de son pays, prétend que ces statues sont de Mocchi, élève de ce célèbre sculpteur. Les chevaux, qui sont ce qui m'en paraît le mieux, n'ont rien perdu à cet échange de leur auteur, qui, sur-tout dans cette partie, passe généralement pour avoir été beaucoup plus fort que son maître.

La cathédrale, il Duomo, est une assez jolie église. Si son extérieur n'attirait pas toujours l'attention de l'architecte, son intérieur ne peut manquer de fixer, par ses belles peintures, celle de l'artiste et de l'amateur. On y admirait autrefois deux tableaux de Lodovico Carracci. Ces deux grands ouvrages ornent aujourd'hui le Musée Napoléon à Paris, où ils ne font peut-être pas autant d'effet qu'à la place pour laquelle ils avaient été peints. Ils étaient placés à côté du sanctuaire de cette église. Celui qui était à droite représente le corps de la Vierge porté au tombeau par quelques hommes : en haut un groupe de cinq anges. Celui à gauche représente divers apôtres occupés à rassembler du linge et d'autres reliques qui ont touché le corps de la Sainte-Vierge. Les figures, de double grandeur naturelle, sont d'un pinceau ferme et bien drapées, mais non toujours d'un dessin correct. Le coloris en est généralement lourd. Le groupe des anges est plein de grace et d'élégance. Raynolds, dans son Discours sur la Peinture, rend justice au talent supérieur de Lodovico. Ces deux tableaux ont été remplacés par deux autres qui sont au moins d'une grande beauté, s'ils ne sont pas équivalents. Leur auteur, Gaspard Landi, est natif de Plaisance, et séjourne depuis long-temps à Rome. L'un représente la Vierge qu'on porte au tombeau; l'autre, l'assomption de la Vierge. Ces deux tableaux sont bien dessinés, bien composés, et d'un bon ton de couleur. Ils font honneur au pinceau de leur maître, et lui assignent un place distinguée à côté des meilleurs peintres lombards, tant par la grandeur de son style, que par la noblesse de ses expressions. Dans la voûte du chœur, on voit encore des anges très-bien peints à fresque par le même Carracci. On admire dans la coupole plusieurs fresques magnifiques de Guercino; on y voit des enfants, des sibylles, des sujets du Nouveau Testament, des anges, et quatre prophètes. Ces derniers, qui sont d'un ton très-chaud, font tort à l'effet de deux autres bonnes fresques qui n'en sont pas éloignées. Cochin a raison de dire que les fresques qu'on voit ici de ce peintre vigoureux, ainsi que celles qu'on admire du même maître à Rome, le placent à juste titre sur la ligne des premiers peintres de ce genre, si difficile à exécuter, et si peu cultivé de nos jours.

Dans l'église de Saint-Jean-du-Canal, appartenant aux dominicains, dans la chapelle du Rosaire, on voit deux tableaux qui méritent l'attention du voyageur. L'un, du même Landi dont nous venons de parler, représentant Jésus-Christ allant au Calvaire; l'autre, de Cammuccini, dont le sujet est la Présentation de Jésus-Christ au Temple. Les artistes et les amateurs les plus sévères n'ont pas su auquel de ces deux ouvrages donner la préférence; c'est sans doute l'éloge le plus pompeux qu'on puisse en faire. Cammuccini jouit aujourd'hui à Rome d'une réputation bien méritée pour ses grands dessins d'après Raffaelo. L'exactitude avec laquelle il nous rend l'esprit de ce grand maître, nous fait moins craindre la perte inévitable de ses fresques, dont nous sommes menacés un jour.

Il y avait autrefois à Plaisance, dans l'église de Saint-Sixte, un beau tableau de Raffaelo, représentant la Vierge dans une gloire avec l'enfant Jésus. Ce chef-d'œuvre fut en 1754 acheté deux cent mille francs par le dernier roi de Pologne. Il fait aujourd'hui un des ornements de la galerie de Dresde.

J'ai vu encore confirmée à Plaisance une idée que j'ai souvent eue, que rien ne contribue plus au progrès de l'histoire naturelle, que de réunir dans des collections partielles les objets de cette science qu'on trouve dans son propre pays et dans les environs. La plus grande partie des espèces varie d'un endroit à l'autre par la nature du sol et du climat; et quelquefois, à cinquante lieues de distance, la différence est si sensible, que rien ne peut sans doute avancer davantage les progrès de l'étude de la nature, que la comparaison exacte de ses productions. La minéralogie et la géologie retireraient peut-être à l'avenir de plus grands avantages encore de leurs recherches, que toutes les autres branches de l'histoire naturelle. Les observations que les savants allemands, français, italiens, et, dans les derniers temps, quelques anglais nous ont données, peuvent bien servir de preuve à ce que j'avance. Si nous continuons encore de travailler un demi-siècle sur les bases que nous avons jetées, nous pouvons espérer d'obtenir une série nombreuse de faits qui nous permettront de présenter des hypothèses puisées dans la nature même. L'esprit observateur d'un Cuvier, d'un Brongiart, d'un Blumenbach, d'un Faujas Saint-Fond, d'un Fortis, et de tant d'autres illustres savants, distinguera à jamais notre temps; et ce ne sera pas sans raison que l'on pourra dire : « Voilà enfin « l'époque où l'on a commencé, par une suite de l'esprit philosophique, de distinguer le « faux d'avec le vrai. » C'est le cabinet d'histoire naturelle du conseiller Cortesi qui m'a inspiré cette idée. Il faut dire à la louange des habitants de ces contrées qu'on avait déja fait beaucoup de recherches pour les progrès de la géologie, mais qu'elles n'avaient pu être aussi fructueuses que celles de ce naturaliste distingué, parce qu'aucune n'avait encore été faite d'une manière aussi suivie, et avec autant de zèle et de dépenses.

Avant Cortesi, l'on avait bien trouvé une quantité de coquilles fossiles par les recherches que MM. Rocca, Bonzi, Plateretti, Zaneti et Caseti avaient faites dans ces contrées; mais jamais on n'avait vu une suite de coquilles fossiles, ni si intéressante, ni si bien conservée que celle que Cortesi a fait ramasser, sans négliger aucune des occupations ni des places importantes qu'il remplit avec distinction. Une belle collection de coquilles ne fut pas le seul fruit de ses travaux; ses recherches ont été récompensées par la découverte d'ossements fossiles de la première importance pour l'histoire de notre globe. Des coquilles marines adhérentes à l'épine dorsale d'un cachalot semblent prouver que la mer a paru bien près de Plaisance, et que quelques-unes des grandes catastrophes de notre globe s'y sont passées.

Plus d'un demi-siècle s'est écoulé depuis qu'on a recommencé à parler de la chaîne des montagnes éloignées d'environ neuf milles de Plaisance. Les Romains et les Lombards, et avant eux des nations encore plus anciennes, avaient cultivé, dominé, et même quelquefois détruit ce pays. Le point qui mérite le plus d'attention se trouve entre la Chiavena et il Chero. Ce fut là qu'on découvrit la ville de Veleja, ensevelie sous ses propres ruines depuis plus de dix-sept cents ans. Cette découverte, si intéressante pour les arts et les sciences, fut couronnée par celle de la Tavola Alimentaria de l'empereur Trajan, qui nous a donné les noms alors usités de tant de villes et de rivières. Ce précieux monument d'antiquité a été envoyé avec plusieurs tableaux au Musée Napoléon à Paris, par M. Moreau de Saint-Méry, pendant son administration. C'est dans le même endroit que l'on croit pouvoir conclure, d'après Strabon, que passa la route de Plaisance à Gênes, laquelle faisait partie de la Via Emilia.

C'est sur le Monte Pulgnasco, au levant de Plaisance, dans la commune de Diolo, que les anciens appelèrent *Dianium*, que l'on commença à découvrir, depuis treize ans, tant d'objets importants pour l'histoire naturelle. Il Monte Pulgnasco a environ douze cents pieds de hauteur. La rivière appelée *Stramonte* le sépare d'un monticule vers l'orient qui n'a que deux cents pieds de haut, et qu'on appelle *Della Torazza*. On dit que le fond de ces montagnes est composé d'une marne grisâtre, mêlée d'un sable quartzeux, à grain fin, dans lequel on a trouvé les restes des grands animaux qui m'inspirent tant d'intérêt. Ces ossements étaient entremêlés d'une grande quantité de coquilles marines fossiles, dont il existe beaucoup d'analogues, et dont plusieurs sont des nouvelles espèces. On en voit au moins vingt-deux à vingt-trois bien conservées, dont les analogues sont incontestables, et dont presque toutes habitent les Grandes-Indes. On pourrait peut-être en augmenter le nombre de douze à quinze genres ou espèces, mais les fossiles qu'on y a trouvés jusqu'à présent, ne sont encore ni assez discutés, ni assez bien conservés, pour qu'on puisse avec exactitude en déterminer les analogues.

M. Faujas-Saint-Fond, professeur au Muséum d'histoire naturelle de Paris, est venu, il y a quelques mois, visiter ces contrées et la belle collection dont nous parlons. Ce savant a beaucoup contribué aux progrès des sciences, tant par ses voyages nombreux, que par le goût qu'il a inspiré pour l'étude par ses ouvrages. Il fut l'ami de Dolomieu, qui le regardait comme son maître. On voit dans ses coquilles fossiles univalves plusieurs buccins, strombes, et rochers, trois espèces de scalaires, des trochus, des serpules, etc. Dans les bivalves on remarque des télines, des vénus, des marteaux, des moules, des pinnes marines et des spondiles de diverses espèces. Cortesi voyant avec quel intérêt notre naturaliste français examina ses coquilles fossiles, tout en admirant leur conservation, lui fit cadeau de quelques-unes des espèces les plus rares, entre lesquelles on distingue un magnifique cône de la famille des amiraux, marquant pour avoir conservé en grande partie ses couleurs, et inconnu. Il y a sur ce genre important un excellent travail dans l'Encyclopédie Méthodique, par mon compatriote Hvas. Le bonnet de dragon, connu, mais très-rare. La piqûre de mouche, du genre du cône, est très-rare. La porcelaine saignante, le plus rare de tous, qu'on a trouvé ici. La porcelaine sphériculée, vulgairement le poux, d'une grandeur peu commune. Tous des Indes. La licorne, le monodonte de Lamarck, dont l'analogue se trouve en même-temps dans la Nouvelle-Hollande et dans les Indes. Ovule à deux pointes, vulgairement la navette, dont l'analogue est trouvée à l'île de Java, et la calyptrée de Lamarck, extrêmement rare de l'île de Bourbon, qui fut la patelle de Linnée. Faujas-Saint-Fond ne paraît douter d'aucun des analogues que je viens de citer.

Nous allons examiner avec attention les ossements fossiles qui ornent ce cabinet, et qui ont été découverts sur la petite étendue de quatre milles. Giuseppe Cortesi occupa en 1793 une place de juge à Castel Arquato, près de la montagne dont nous avons parlé. Un habitant de ces contrées, nommé *Giuseppe Veneziani*, et surnommé *Colombo*, y trouva au printemps de la même année quelques ossements reconnus ensuite pour ceux d'un dauphin. Le goût que Cortesi avait toujours eu pour l'histoire naturelle éveilla en lui l'idée de faire faire des fouilles dans cet endroit, conduites par ce Colombo, sous son inspection et celle de quelques amis. Les travaux de plusieurs années furent on ne peut pas plus fructueux pour la science. On espère qu'une si belle collection restera dans le pays où elle a été formée pour l'instruction des habitants et des voyageurs, et que S. A. R. le Vice-Roi, qui protége autant les sciences que les arts, finira par en faire l'acquisition, et accomplira ainsi le vœu de son estimable propriétaire d'en voir augmenter les curiosités de Milan.

Les premiers objets des découvertes de Colombo furent deux morceaux d'une vertèbre, facilement pris pour ossements fossiles appartenant à un animal marin. Ces ossements que son propriétaire reconnut d'abord, d'après les excellentes descriptions que nous avons des cétacés, pour appartenir à une espèce du genre des dauphins, ont ensuite été complétés par les autres pièces, dont on a trouvé un nombre suffisant pour pouvoir presque compléter l'animal entier. On en a joint les morceaux par des fils de fer, pour en faciliter l'étude. Les ouvrages de l'illustre comte de Lacepède, aussi connus par leur profondeur que par l'élégance du style, devinrent d'une grande utilité pour Cortesi dans ses recherches. Leur auteur, informé que ce savant s'occupait d'objets relatifs à ses travaux, l'honora du don d'un exemplaire de ses précieux ouvrages.

Les naturalistes donnent un beaucoup plus grand nombre de vertèbres à la colonne vertébrale du dauphin, qu'à celle de l'animal trouvé dans ces contrées, qui n'en compte que trente-trois : peut-être n'en a-t-il pas davantage, parce que les vertèbres inférieures manquent. Aussi n'a-t-on pas trouvé la moitié de la mâchoire inférieure, qui sans doute a été détruite par d'autres animaux marins. Le plus intéressant encore est que les vertèbres conservent leurs cartilages. La longueur du squélette entier n'est que de sept pieds six pouces ; mais il n'y a aucun doute, d'après les proportions indiquées par le célèbre Cuvier, que s'il était complet, il devait avoir appartenu à un animal qui, vivant, aurait au moins eu environ treize pieds. D'après la description que Linnée donne des quatre espèces qu'il admet au genre du dauphin, il est sûr que le squélette plaisantin n'a appartenu à aucun de ceux dont parle l'immortel naturaliste suédois, tant pour la différence des dents que pour la grandeur. Cortesi trouve que son dauphin appartiendrait plutôt au dauphin-orca de Lacépède, s'il n'y avait pas une différence si marquante dans la forme du crâne. Il en tire la conséquence qu'il n'y a aucun doute sur le genre de son dauphin, mais qu'il faut croire, comme de tant d'autres espèces, qu'il réside vivant dans des mers qui n'ont pas encore été visitées par nos navigateurs, ou qu'il appartient à une espèce perdue.

On eut en 1794 de grands os fossiles d'un cétacé qu'on croit appartenir au squélette d'une baleine, mais dont on n'a jamais bien pu déterminer l'espèce, faute d'en avoir la tête. On trouva ces ossements au sud-est de Monte Zugo, vers le nord-est, près del Rivo del Gallo. Cortesi y est retourné faire des recherches aux mêmes endroits, en 1803 et 1804, et a fini par trouver vingt vertèbres, dont la plus grande a environ neuf pouces de longueur, et presque la même largeur, et quelques côtes d'une grandeur proportionnée, dont la plus forte a cinq pieds six pouces de long. Je suppose, ce qui est le plus vraisemblable, que ces ossements fossiles appartiennent à l'espèce de baleine qu'on appelle *cachalot*. On ne peut rien décider sur la longueur de cet animal, n'ayant pas sa tête : cette partie seule forme plus de la moitié de la grandeur entière de plusieurs espèces de ce genre. Cortesi croit même qu'il serait possible que les deux immenses mâchoires qu'on voit à Milan chez M. Giuseppe Rossi fissent partie de son cachalot.

En 1800, Colombo trouva sur il monte Pulgnasco un fragment fossile d'une dent d'éléphant. Des occupations importantes du moment ne permettaient pas à son propriétaire de s'occuper lui-même des recherches nécessaires pour trouver l'animal entier : il en chargea deux de ses amis qui avaient beaucoup de connaissances dans cette partie, le Sig. Rocca et le Capit. Pancini, tous deux voisins de la montagne. La fouille fut très-fructueuse ; on trouva une si grande quantité de fossiles d'éléphants, qu'on pouvait en charger six mules. Ils étaient par malheur en grande partie gâtés, mais cependant encore assez conservés, non-seulement pour pouvoir déterminer l'animal, mais encore pour fixer la grandeur qu'il devait avoir eue.

On ne découvrit qu'un grand fragment d'une dent d'éléphant, mais aucune dent entière. L'endroit où on le trouva ne donna aucune espérance de jamais y en avoir une entière, parce qu'il était près d'une route très-fréquentée qui conduisait à Veleja, et qui devait naturellement détruire l'ensemble nécessaire des fragments. Le plus grand morceau avait deux pieds un pouce et six lignes de longueur, et, scié pour pouvoir mieux l'examiner, un diamètre dont le plus fort était de sept pouces trois lignes. Cortesi détermina, autant que les fragments le lui permettaient, la grandeur du fémur, de l'épaule, et des autres ossements ; mais le plus important sans doute était de savoir la grandeur de la tête, parce que de là dépend la longueur de l'animal, et la différence de l'espèce. On a bien fait d'examiner et de dessiner les mâchoires ;

et en les comparant aux descriptions de Hunter, de Cuvier et de Camper, on a cru pouvoir décider que l'éléphant, que Cortesi appelle ordinairement le sien, parce qu'il regarde tous ces ossements fossiles trouvés comme appartenant au même individu, est de l'espèce *asiatique*. On l'attribue plutôt à cette espèce qu'aux deux autres connues, parce que les lames des dents ne sont pas en grand nombre, mais seulement ondulées; qu'il n'a pas de losanges transverses sur la couronne des dents, comme les éléphants africains, ni de dents aiguës, avancées et relevées comme celles d'un animal approchant de l'éléphant dont on a trouvé les ossements fossiles près de la rivière de l'Ohio, dans l'Amérique septentrionale, et auquel on donne improprement le nom de *Mammouth*.

Cortesi croit pouvoir juger, d'après la grandeur de la dent trouvée, que son éléphant doit avoir été de la plus grande dimension connue; que peut-être même il était alors jeune, lorsque plusieurs de ses dents n'avaient encore pris que peu d'accroissement; que la substance huileuse et colorante qu'on trouve autour du squelette et dans les cavités des ossements, est le résultat de la décomposition des chairs, et une preuve sûre que l'animal a été porté au Monte Pulgnasco dans son état entier, et non en état de squelette. Les ossements dispersés prouvent qu'ils ont été agités par des eaux courantes.

On a aussi découvert près du Monte Zugo, que les anciens appellent *Sagate*, la tête d'un rhinocéros avec plusieurs ossements du même animal. La tête a plus de trente pouces de longueur; et il paraît qu'elle appartient au rhinocéros à deux cornes de l'Afrique. L'observateur et le philosophe s'étonnent en même temps de trouver aux mêmes lieux les restes des deux plus grands animaux de l'Asie et de l'Afrique.

Le savant Amoretti, de Milan, dont je viens de faire la connaissance personnelle, a publié depuis vingt-cinq ans, avec son ami le professeur Soave, à Pavie, un ouvrage d'un grand intérêt pour les sciences et les arts. L'Italie leur doit beaucoup pour l'instruction qu'ils ont répandue par leur travail. Cet ouvrage a été publié in-4° depuis une trentaine d'années, sous les titres de *Scelta d'Opuscoli*, et d'*Opuscoli Scelti interessanti sulle Science et sulle Arti*, etc. Ce recueil renferme, en italien, tous les mémoires intéressants, tant en entier que par extrait, qui ont paru depuis le commencement de sa publication, dans toutes les langues européennes, tant dans les ouvrages académiques que dans les journaux. On y trouve aussi plusieurs mémoires originaux qui n'ont paru qu'en italien. Le discernement avec lequel cette collection est rédigée, la rend un vrai répertoire des sciences et des arts; et, quoique en grande partie faite seulement pour les Italiens, elle ne laisse pas d'intéresser tout homme de lettres, de quelque pays qu'il soit. Amoretti a lui seul entrepris la continuation de ce recueil sous le titre de *Nuova Scelta d'Opuscoli*; et le premier volume en a paru, in-4° comme les autres, en 1804. Je fais ici mention de cet ouvrage; car on y trouve une lettre de Carlo Amoretti, à Monseigneur della Torre, sur les ossements fossiles que je viens d'examiner, et deux mémoires de Cortesi même, qui traitent avec profondeur des ossements fossiles du dauphin, de la baleine et de l'éléphant. Ce savant auteur nous promet, dans un autre mémoire, qu'on attend avec impatience, des détails sur le rhinocéros. Ces excellents mémoires sont accompagnés d'une carte chorographique, et de dessins des mâchoires de l'éléphant et du rhinocéros.

Cortesi croit, à ce qu'il me paraît avec raison, que son éléphant ne peut pas avoir été conduit en Italie par Annibal, parce que l'endroit où les ossements ont été trouvés est plus de dix-huit milles, en ligne directe, éloigné de la place où la fameuse bataille de Trebbia fut livrée. Polybe, qui est l'historien auquel il paraît qu'on doit avoir la plus grande confiance, ayant visité douze ans après le champ de bataille même, assure qu'il ne resta qu'un seul éléphant à Annibal après la bataille de Trebbia; il devient donc peu vraisemblable que ce soit l'éléphant de Cortesi. On a aussi nouvellement trouvé près de Trebbia quelques ossements d'éléphant, ainsi que d'autres animaux près de Bastia, qui n'en est pas éloigné; mais ils sont tous dans un si parfait état de pétrification, qu'il faut absolument fixer le temps de l'existence des animaux auxquels ils ont appartenu, à une époque beaucoup plus reculée que celle d'Annibal.

Les coquilles marines, ainsi que les restes de la baleine et du dauphin, détruisent totalement l'idée que l'éléphant et le rhinocéros pouvaient avoir été conduits aux jeux publics de Veleja, comme de tels animaux le furent à Rome. Ces animaux marins et terrestres du plus grand volume, réunis au même endroit avec des coquilles, tandis qu'ils ont habité autrefois les mers les plus éloignées, paraissent nous annoncer une des plus grandes et des plus anciennes révolutions de notre globe. Les géologues décideront, d'après leurs diverses opinions, comment ils veulent expliquer cette catastrophe.

J'ai vu aussi dans le cabinet intéressant de l'infatigable Cortesi, du bois carbonisé trouvé dans les environs de Plaisance, ainsi qu'un superbe morceau de jaspe rougeâtre, avec une veine verte, qui me le fait présumer originaire de la Sibérie.

Toutes ces contrées sont riches pour l'histoire naturelle; et je suis fâché que le temps ne me permette pas de les visiter en détail. On voit un puits de pétrole sur les bords du Taro. On y trouve du cuivre et des pyrites. Des mines de fer y sont en exploitation, et des salines fournissent presque le sel nécessaire pour le pays. Les feux ardents près de Veleja indiquent l'existence des bitumes.

On voit dans Plaisance deux bâtiments exécutés sur les dessins de Vignola, célèbre architecte de son temps. L'un est le Palais ducal, qui n'a pas été terminé, et dont on a sur-tout loué la distribution et la décoration intérieure; l'autre est l'église des chanoines réguliers de Saint-Augustin.

L'école du général Gazzola doit naturellement attirer l'attention de tous ceux qui savent combien les arts et les sciences ont besoin d'encouragement dans leur enfance. Elle a été fondée par le testament du comte Félix, le 31 mars 1770. Cet homme bienfaisant divisa ses biens en quatre parties, dont deux servent à doter les filles Plaisantines. La troisième partie est destinée à former des jeunes gens dans la peinture, l'architecture, l'arpentage et l'orfévrerie. La quatrième sert à l'accroissement des trois autres. La somme totale des rentes annuelles se monte à environ 36,000 francs. Plaisance n'ayant pas de maîtres assez célèbres dans ces divers arts, on est obligé d'envoyer ailleurs les jeunes gens qui s'y destinent, et sur-tout à Rome. Le nombre des filles dotées aurait besoin d'être diminué pour que la dote de chacune fût augmentée. L'administration de cette belle institution est composée de huit personnes choisies dans les premières familles de cette ville.

Cicéron, dans son ouvrage sur les célèbres Orateurs, intitulé *Brutus*, cite communément quelques orateurs de Plaisance, qu'il compare à ceux de Rome, et dit qu'il ne leur manqua que (*urbanitatis color*) la couleur d'urbanité, pour en approcher.

Poggioli dit « que Plaisance brillait principalement dans le seizième siècle par des prosateurs cultivés, des poètes agréables, et des hommes tellement savants dans toutes les sciences, qu'on peut avec raison appeler Plaisance, dans ce siècle, la ville des sciences et le séjour des savants. »

Guglielmo da Saliceto était un célèbre médecin et chirurgien au treizième siècle. Il fut consulté par-tout dans la Lombardie, dans les cas difficiles. Il guérissait plusieurs maladies avec des remèdes de son invention, et mourut à Plaisance en 1276 ou 1277. Il y a deux ouvrages de médecine et de chirurgie de Guglielmo; ils ont été imprimés pour la première fois en un seul volume in-folio, l'an 1476. Cette belle édition est très-rare. Le premier ouvrage, qui contient un peu plus de cent pages, traite de la médecine; l'autre, qui n'est que de cinquante pages, traite principalement de la chirurgie. En 1489 et 1490, il a paru une autre édition de ces ouvrages en deux volumes séparés in-folio, imprimés à Venise. Une autre vit le jour dans la même ville, dans la même année et dans le même format; mais elle est si pleine de fautes d'impression, qu'on a peine à concevoir seulement les idées de l'auteur. On en cite aussi une édition in-4° de Leipzig, en 1495, par Baccalarium Wolphangium de Monaco. La dernière édition qu'on connaît des Œuvres de Guglielmo a paru, en 1502, à Venise; ces deux ouvrages y sont dans le même volume. J'ai cru devoir citer toutes les éditions des Œuvres de Saliceto, comme très-anciennes, et devenues toutes plus ou moins rares aujourd'hui. Il serait à desirer pour l'utilité de l'histoire de la médecine, qu'un savant médecin voulût s'occuper d'en donner une nouvelle édition; il trouverait pour ce travail, outre les éditions citées, encore divers manuscrits à consulter, qui sont conservés dans quelques célèbres bibliothèques de l'Italie.

Giovanni Crastoni, frère Carme, vivait à Plaisance vers la fin du quinzième siècle. Il traduisit les Psaumes de David. On le cite comme un des premiers restaurateurs de la langue grecque en Italie; il donna un dictionnaire grec-latin, et latin-grec, et la traduction de la grammaire grecque de Lascaris. On a de ses ouvrages plusieurs éditions du temps.

La famille de Cornazzano a en tout temps fourni des hommes qui se sont distingués, tant à l'armée que dans les sciences. Entre ces derniers on remarque particulièrement Antonio Cornazzano, qui vivait dans le 15ᵉ siècle. On croit même qu'il naquit vers l'an 1431. A l'âge de douze ans, notre jeune poète fut amoureux d'une jeune personne de Plaisance, pour laquelle on trouve encore en manuscrit plus de cent sonnets de sa composition. Le duc Francesco Sforza fut son grand protecteur; il l'honora de plusieurs places, et donna occasion au jeune poète de faire à vingt-un ans son poëme intitulé la *Sforzeïde*. Il paraît qu'il fut nommé ensuite directeur de ballets; ce qui lui fit écrire en prose un ouvrage intitulé : *Arte del dansare*, qui est resté manuscrit ainsi que la *Sforzeïde*. Après la mort de Sforza, Cornazzano passa au service de Coleone, qui commandait alors les Vénitiens. Ses connaissances en philosophie et en théologie, ainsi que son heureuse mémoire, le firent briller dans cette capitale. Après la mort de Coleone, qui arriva en 1475, il passa quelque temps dans sa patrie, et rentra depuis au service d'Ercole, duc de Ferrare. Il dédia à ce prince son ouvrage en prose sur *l'Arte militare*. Il se maria à Ferrare, et les auteurs qui ont écrit sur cette ville prétendent qu'il mourut vers l'an 1500. Antonio Cornazzano fut bon poète et orateur. Il avait bien étudié le grec et le latin. On lui accorde généralement un style facile et agréable, mais on le trouve licencieux dans ses expressions. Les premiers littérateurs de son temps l'estimèrent, et sur-tout Francesco Filelfo. On donna en 1503, à Venise, un recueil in-octavo de ses poésies, sous le titre : *Sonnetti e Canzoni del preclarissimo poeta*, etc. Beaucoup de ses contemporains louent ce recueil. Quadrio en dit : « *Le rime liriche del Cornazzano sono delle migliori che abbia la volgar poesia, come che paragonare si possano a quelle gioje che non sono polite a la mola* ». *La santissima vita de nostra Donna* est en terza rima. La première édition de ce poëme, qui eut un grand succès, est sans doute celle in-quarto de 1471, et vraisemblablement imprimée à Venise, en huit chapitres, avec les caractères du célèbre typographe Nicolo Jenson. Sept diverses éditions, tant in-quarto qu'in-octavo, ont suivi celle-ci, dont la dernière, qui est in-octavo, est de Trévise, en 1591. Cet auteur a donné dans le même genre de vers : *La Vita di Christo*, dont il y a deux éditions in-octavo de Venise, l'une de 1517, l'autre de 1522.

Le traité *de Re militari* est celle des productions imprimées de Cornazzano qui a le plus attiré l'attention du public. Je crois donc devoir en donner quelques détails. Il paraît l'avoir composé vers l'année 1476. Il est extraordinaire de voir un homme qui lui-même n'avait pas suivi la carrière militaire, s'étendre avec autant de connaissances sur une partie si difficile. On s'en étonne moins quand on voit, dans un sonnet qu'il fit à la mort de son ami Guglielmo Ungarello, que celui-ci ne lui avait pas seulement fourni beaucoup de notes sur cette matière, mais qu'il l'avait encore encouragé à en faire le sujet d'un poëme. La première édition *de Re militari* parut à Venise in-folio, en 1493, et est la seule édition qu'on connaisse de ce format. Six éditions en parurent depuis in-octavo, dont la dernière, qui est imprimée à Venise en 1536, n'est pas la plus recherchée, parce qu'on en a altéré le texte en voulant changer diverses expressions de l'auteur. On a encore donné à Venise, il y a une vingtaine d'années, une édition de cet ouvrage sous le titre nouveau d'*Opera dell' arte militare*. Une chose me paraît encore digne d'être remarquée : c'est que cet ouvrage a été traduit en vers espagnols, et publié in-quarto sous le titre de *Cornazzano de cosas militares*.

Il paraît que Cornazzano écrivit ses ouvrages en prose avant de les mettre en vers. Poggioli possède une copie d'un manuscrit, où ce même sujet *de Re militari* est traité en prose, et où l'auteur paraît avoir suivi le même plan que dans ses poëmes. Il donna encore en *terza rima* un ouvrage intéressant pour l'histoire, divisé en huit chapitres, et imprimé à Venise, in-quarto, en 1560, sous le titre : *La Vita del signor Pietro Avogadro Bresciano, composta da M. Antonio Cornazzano, dove si contiene come la città di Brescia vinsse sotto il dominio e governo de' Veneziani, etc.* On n'en connaît que l'édition citée.

Deux ouvrages en latin, l'un en vers, l'autre en prose, ont donné la réputation à Cornazzano d'écrire avec plus d'élégance et plus de pureté dans cette belle langue des anciens que dans sa langue maternelle. On n'a qu'une édition originale en latin, in-quarto, *de proverbiorum Origine, etc*, imprimée à Milan en 1503. Quelques mots qu'on lit à la fin d'un manuscrit de la bibliothèque Capponiana, avaient fait présumer une édition antérieure, mais on ne l'a jamais trouvée. Tout l'ouvrage est composé de dix longues élégies, dont la première n'est qu'une excuse à la manière d'Ovide, à celui à qui il les dédie, de la licence et de la familiarité qui y règnent. Cet ouvrage paraît avoir été composé vers l'année 1455, quand Cornazzano avait vingt-quatre ans. Les neuf autres élégies sont autant de nouvelles ou de contes, dans lesquels on raconte des aventures amoureuses, auxquelles quelques proverbes populaires doivent leur origine. Il est fâcheux que l'auteur n'ait pas employé son grand talent pour la poésie latine à un meilleur sujet. Poggioli en dit : *Questi proverbi sono descritti con tal imodestia di parole, di cose, e talvolta eziandio con tal irreligiosità d'espressioni, ch' è proprio una benedizion del signore, che rare ne sieno le copie, ed a pohcissimi note.*

On connaît au moins de cet ouvrage, six éditions in-octavo, en prose italienne, dont deux avec figures. La première est de Venise 1518, avec figures; la dernière, de la même ville, est de 1546. Toutes ces traductions sont mal faites et entremêlées souvent d'ouvrages qui ne sont pas de l'auteur.

Commentarium de vita et gestis invictissimi bellorum principis Bartholomæi Colei, imprimé dans le Trésor des Antiquités italiennes du Burmann. Cet ouvrage, qui est écrit en excellent latin, a vraisemblablement été composé peu de temps avant 1475, qui fut l'année où Cornazzano mourut.

Il y a plusieurs manuscrits de Cornazzano; mais je ne parlerai que d'un qui aurait mieux mérité d'être imprimé qu'une grande partie de ceux qui ont vu le jour. On l'appelle ordinairement *la Sforzeïde*. Il fut acheté, il y a une trentaine d'années, par l'anglais Jackson à Livourne. Ce manuscrit était de la plus grande beauté et de la meilleure conservation. Il était écrit sur parchemin, et sinon de la main de l'auteur, au moins de son temps, et orné de plusieurs dessins et lettres dorées. Poggioli en possède heureusement une copie. Son vrai titre est *Antoni Cornazani de Piacentia de gestis invictissimi ac illustrissimi Francisci Sfortiæ Ducis Mediolani*. L'ouvrage est écrit en *terza rima*, et composé de douze livres ou chants, dont chacun est composé de trois longs chapitres, et précédé d'un sonnet destiné à servir d'argument.

Ce poëme, qui en même temps est important pour l'histoire, commence par la naissance de Sforza, que le poète fait naître de Jupiter et d'une nymphe, et auquel il fait prédire une grande fortune par Protée. La jalouse Junon déclare la guerre à Sforza et à toute sa famille. Mais Sforza remporte la victoire sur tous ses ennemis, et devint seigneur de Milan, de la plus grande partie de la Lombardie et de la Ligurie, et fondateur de la famille qui porta son nom. Le fond du poëme est proprement l'histoire d'Italie de l'année 1424 jusqu'à la fin de mars 1450 : beaucoup de mythologie, beaucoup de traits de l'histoire grecque et romaine, sont entremêlés dans cette composition. On voit facilement par là qu'il a voulu imiter l'immortel Dante. Comme lui, il est rempli d'obscurités et de beautés, qui ne se donnent que trop souvent la main. Les dixième et onzième livres sont une traduction, ou pour mieux dire, une imitation du sixième chant de l'Énéide de Virgile, aussi littérale que le sujet le permet.

Poggioli croit que le manuscrit qu'on trouve à la Bibliothèque impériale de Paris, sous le n° 9941, pourrait bien être encore un manuscrit du temps de la Sforzeïde, et qu'en lui donnant ce titre, on s'est trompé, en indiquant le nom de Sforza Attendola au lieu de celui du fils Francesco. J'ai vu, il y a déja quelques années, à Paris, ce beau manuscrit de 113 feuilles in-folio sur parchemin, et orné de belles peintures, et de lettres initiales tant peintes que dorées; le tout est de la plus belle conservation. Ce n'est pas un poëme comme Poggioli le croit, mais un ouvrage en prose sur Sforza Attendola, à la fin duquel l'auteur promet de parler dans un autre de Lodovico. Cette dernière promesse me le fait présumer avec d'autant plus de raison d'Antonio Cornazzano, qui s'est signé, comme on le fait souvent en Italie, par son prénom et le nom de sa ville natale, en s'appelant Antonio Piacentino, quoique Poggioli ne trouve aucun Antonio de Plaisance qui ait écrit la vie de Sforza Attendola. Rien ne me paraît plus naturel que Cornazzano ait voulu célébrer la mémoire du père de son bienfaiteur.

Dans le seizième siècle, on distingua à Plaisance plusieurs personnes du nom de *Landi*, qui se firent remarquer par leur savoir, quoique presque toujours de différentes familles. Quelques-uns d'entre eux se distinguèrent plus par leur singularité, ou par des disputes littéraires, que par de grandes connaissances, et ils ont été plus remarqués par le temps qui les vit naître, que par la postérité. Les ouvrages des autres ne sont encore connus aujourd'hui que par leur extrême rareté, et sont pour cela plus souvent recherchés par le bibliographe que par l'homme qui veut lire pour s'instruire.

Ortensio Landi est bien célèbre, comme le dit un certain auteur, par la multitude, la variété et la bizarrerie de ses ouvrages. On le compte parmi les Plaisantins, quoique né à Milan, parce que ses parents étaient de cette ville. L'année de sa naissance n'est pas connue au juste. Il paraît cependant être né dans les premières années du seizième siècle. Ortensio, quoique peu favorisé de la fortune, voyagea beaucoup, et laissa par-tout quelques traces de son savoir. Il ne vit pas seulement l'Italie, mais il vint encore en France et en Suisse, d'où il revenait toujours en Italie, où il trouvait le plus d'amis. Il visita même l'Allemagne. On croirait, d'après ses ouvrages, qu'il aurait été en Afrique; mais il paraît qu'il ne nomme ce pays que par bizarrerie, comme il lui arrive souvent d'en user avec les noms fabuleux de beaucoup de nations, qui n'habitèrent jamais notre globe. De toutes les villes où Ortensio avait séjourné, Venise lui plaisait le plus : il est même vraisemblable qu'il y mourut vers 1560.

Comme les ouvrages d'Ortensio sont très-nombreux, je me contenterai d'en citer trois ou quatre qui ont avec raison attiré le plus l'attention des savants de son temps, et qui méritent encore aujourd'hui d'être distingués : *Cicero relegatus, et Cicero revocatus, dialogi festivissimi*, imprimé à Leyde, in-8°, en 1534. Cet ouvrage fut si recherché, qu'on l'imprima deux fois dans la même année. Une édition parut à Venise, et l'autre à Leipsick. Il a encore été imprimé à Venise et à Naples, et a même été réimprimé à Berlin, au commencement du siècle passé, à la suite de l'édition qu'on y fit de l'ouvrage de Giovanni Vorstio, *de Latinitate selectâ et vulgo ferè neglectâ.*

Plusieurs réunions de savants de Milan, auprès d'un de leur confrère malade, et où l'on discutait pour et contre Cicéron, donnèrent naissance à ces dialogues, qui sont écrits d'un style élégant et spirituel, quoique remplis de paradoxes et d'opinions extravagantes, comme le dit Poggioli.

Son ouvrage en latin contre Erasme fit beaucoup de bruit dans le temps, comme dirigé contre un homme nouvellement mort, et dont le nom sera toujours cher à la postérité. Il a pour titre : *In Desiderii Erasmi Rotterdami funus Dialogus lepidissimus nunc primùm in lucem editus.* Landi le fit imprimer à Bâle, où il passa en 1540, et où Erasme était mort en 1536. Il fit croire à l'imprimeur que c'était l'éloge d'Erasme. Cet ouvrage est publié sous le nom de *Philalethes ex Utopiá*; et il s'y appelle *medecin*. Ce dernier titre fut cause, après qu'on eut découvert que le vrai nom de l'auteur était Landi, de la méprise d'un certain Eraldo, qui, à l'invitation du magistrat de Bâle, traita en 1541 très-durement Bassiani Landi, aussi médecin et professeur de langue grecque à Bologne, croyant qu'il était l'auteur. Cette petite discussion est imprimée aussi dans le huitième volume des œuvres d'Erasme, où l'on dit assez spirituellement que l'auteur aurait plutôt dû se donner le nom de *Philopoende*, qui aurait signifié l'ami du faux, que d'adopter celui de *Philalethes*, qui signifie l'ami du vrai.

Un des ouvrages de cet auteur, qui se fait le plus remarquer par sa bizarrerie, et quelquefois par son peu de sens commun, est *I Paradossi*, dont la première édition, qui est en deux volumes, contient trente paradoxes, et est imprimée à Lyon. On en a plusieurs éditions, dont celle in-4° de 1594, de Bergame, est la plus remarquable, parce que l'éditeur prétend avoir épuré et corrigé les paradoxes, en réduisant leur nombre à dix-sept. Il est extraordinaire que le même auteur ait donné en 1545, à Venise, un ouvrage intitulé *Confutazione dei libri de' Paradossi, etc.* Cet ouvrage lui fit moins d'honneur que les paradoxes mêmes; l'auteur dit dans un endroit qu'ils n'avaient été dictés que par la manie d'écrire.

Je vais citer un ouvrage d'Ortensio, plus remarquable par l'attention qu'y firent les étrangers, que par sa bonté : *Sermoni funebri di vari autori nella morte di diversi animali*, imprimé à Venise, pour la première fois, en 1648, in-8°. Ces Oraisons funèbres, au nombre de onze, paraissent avoir été écrites en 1549. On en a plusieurs traductions françaises, dont la première est de Claude de Poitaux (*Pontasius*), médecin, natif de Châlons-sur-Saône. Cette édition in-12 est de Lyon, 1570 : en 1590 on en donna une traduction latine in-8°, à Leyde, par Guillaume Cantero d'Utrecht.

Il y a encore beaucoup d'autres ouvrages d'Ortensio, que je ne cite pas. On peut en général dire de lui ce qu'on peut malheureusement dire de tant d'autres auteurs, qu'il travaillait trop vite, et qu'on doit plutôt l'appeler érudit et abondant, que judicieux et exact.

Bassano Landi, philosophe et médecin, natif de Plaisance, était professeur à Padoue. Il fleurissait vers le milieu du seizième siècle. On a de lui plusieurs ouvrages d'anatomie et de médecine, où il montre beaucoup de connaissance des anciens; mais on n'y trouve pas de découvertes.

Le comte Costanzo Landi naquit en 1521, et mourut à Rome en 1564. Il était philosophe et bon antiquaire. On a de lui plusieurs ouvrages, parmi lesquels on en distingue un sur les antiquités, quoiqu'il y manque quelquefois de l'érudition historique et une saine critique. Cet ouvrage en latin a pour titre : *Constantii Landi Complani comitis in veterum numismatum Romanorum Miscellanea Explicationes*, imprimé in-4° à Leyde, en 1560. Beaucoup de savants du temps l'ont loué; et on trouve que ses connaissances en jurisprudence lui ont souvent été utiles pour l'explication de diverses médailles. On a même trouvé cet ouvrage digne d'une édition accompagnée de beaucoup de gravures bien faites, et publiée à Leyde in-4° en 1695.

Le comte Giulio Landi naquit en 1500, et occupa plusieurs places en diplomatie. Il fut détenu quelque temps à Rome. La cause de cette arrestation est inconnue. Un auteur du temps appelle le comte Giulio, fabuliste, philosophe, orateur et poëte. On a de lui plusieurs ouvrages, entre lesquels on distingue les suivants : *La Vita d'Esopo, tradotta e ornata;* à Venise, in-8°, 1545. On a joint à plusieurs éditions les Fables d'Esope, mais je n'en crois pas la traduction du même Landi. *La Vita di Cleopatra* est du même auteur : elle parut à Venise en 1551, et ne fit pas autant de fortune que sa Vie d'Esope. Un des ouvrages les plus importants du comte Giulio, qui fit grand bruit dans le temps, et qu'on ne lirait cependant pas beaucoup aujourd'hui, est : *Le Azioni morali dello illustriss. signor conte Giulio Landi Piacentino, nelli quali, oltra la facile ed espedita Introduzione all' Etica d'Aristotele, si discorre molto risolutamente intorno al duello, etc.*, en deux volumes in-4°, dont le premier parut à Venise en 1564, et l'autre à Plaisance en 1575. Cet ouvrage est une traduction, ou, pour mieux dire, une espèce de paraphrase des Ethiques d'Aristote.

Le comte Giulio était très-versé dans la langue latine : on a même de lui, dans cette langue, une description de l'île de Madère, où il paraît avoir passé quelques mois, mais non pas en exil, comme l'indique le catalogue d'Isaac Voss, qui en possédait un manuscrit. Cet ouvrage a été traduit en italien sur le manuscrit, et publié en même temps, dans les deux langues, par Alemanio Fini, savant distingué : on l'a imprimé à Plaisance en 1574, sous le titre suivant : *La Descrizione dell' isola de la Madera, già scritta nella lingua latina dal molto illus. signor conte Giulio Landi, ed ora tradotta dal latino nella nostra materna lingua dal reverendo M. Alemanio Fini. V' è posta anco la descrizione latina del primo autore acciò che possa il lettore legere in quella lingua, che sia più di gusto suo.* Notre auteur vivait encore en 1578 : on ignore au juste l'année où il est mort.

Je vais parler avec plaisir de Lodovico Domenichi, dont le nom n'est pas toujours célébré avec autant d'éclat qu'il le mérite. Lodovico n'était pas seulement un savant profond et très-versé dans les anciennes langues, comme le prouvent ses nombreux ouvrages et ses traductions, il était encore un grand protecteur des sciences, comme le font voir les nombreuses éditions qu'il a données des auteurs dont les circonstances avaient empêché de publier les ouvrages. M'arrêter un moment auprès d'un tel homme, c'est en quelque sorte m'associer à ses travaux.

Lodovico Domenichi naquit à Plaisance en 1515. Ses premières études se firent à l'université de Pavie, d'où il passa à celle de Padoue. Dans un petit voyage qu'il fit à Venise, il se lia d'amitié avec le célèbre Pietro Aretino. A l'âge de vingt-huit ans, l'étude de la poésie, de l'éloquence et des langues grecque et latine, occupèrent principalement notre jeune homme. Il fonda à Plaisance l'*Accademia degli Ortolani*, qu'on appelle l'Académie gracieuse, mais scandaleuse. Domenichi alla à Mantoue et à Florence, et passa ensuite deux années à Venise, comme correcteur dans la célèbre imprimerie de Giolito. Il y fit imprimer plusieurs de ses propres ouvrages qui non-seulement furent alors bien reçus, mais que les savants étudient encore aujourd'hui avec plaisir. En 1546, il passa de nouveau quelque temps à Florence. Vers l'année 1550, Domenichi fut très-lié avec le savant frère de l'ordre de Sezène, Anton. Francesco Doni. Cette amitié se changea bientôt en une forte inimitié que la jalousie des lettres paraît avoir fait naître chez Doni. Le duc Cosimo nomma à Florence Domenichi son historiographe, avec d'assez bons appointements. Notre savant y passa le reste de ses jours, et fut chargé d'écrire l'histoire de son temps. Il paraît certain qu'il fut persécuté par l'inquisition. En 1562, Domenichi était à Rome : les sciences eurent le malheur de perdre cet homme savant et généreux en 1564, n'ayant pas encore atteint l'âge de cinquante ans.

Deux médailles ont été frappées en l'honneur de Domenichi : elles sont aujourd'hui très-rares. La plus grande, qui paraît avoir été frappée vers l'an 1556, représente, d'un côté, son portrait, et au revers, la figure de Milon de Crotone, qui fait vraisemblablement allusion à son grand travail sur l'histoire de Toscane. L'autre médaille, plus petite, a été frappée, comme Domenichi nous l'apprend lui-même, en 1553, par son ami Domenico Poggini, habile graveur en médailles. D'un côté l'on y voit le portrait de Domenichi, et au revers, un pot de fleurs frappé par la foudre, mais non endommagé par elle, et entouré d'une devise grecque qui signifie : *Il touche, mais il ne brûle pas.* Je crois que le revers de cette médaille peut bien être une allusion aux désagréments que Domenichi avait avec Doni, ou avec l'inquisition, pour indiquer qu'ils ne lui firent pas de mal. Poggioli divise avec raison les ouvrages de ce savant, qui honore autant le seizième siècle que la ville de Plaisance, en trois parties. La première comprend ses ouvrages en prose et en vers; la seconde, ses traductions du grec et du latin; et la troisième, les ouvrages des autres dont il a fait faire des éditions, en les accompagnant de ses notes et de ses corrections. A peine âgé de vingt-huit ans, Domenichi publia à Venise, en 1544, in-8°, une jolie collection de poésies, sous le titre suivant : *Rime di M. Lodovico Domenichi;* ce recueil est orné d'un assez beau portrait de l'auteur, gravé en bois. *La Nobilità delle Donne* fut publié, en 1549, à Venise, in-8°. Cet ouvrage, qui a cinq livres, est divisé en dialogues, dont presque chacun est consacré à célébrer la mémoire d'une femme savante du temps. Dans une lettre, l'auteur fait des excuses pour les omissions qu'on y trouve, et promet de les réparer dans un ouvrage qu'il veut intituler : *Delle Donne illustri antiche e moderne.* Cet ouvrage peut exister en manuscrit, mais il n'a jamais vu le jour. *Detti, e fatti di diversi signori, e persone privati, etc.* On a de cet ouvrage quatre éditions, dont la première a paru à Venise, in-8°, en 1562. Un des ouvrages intéressants de Domenichi a pour titre : *Dialoghi, cioè d'Amore, de la vera Nobilità, de' Rimedi d'Amore, dell' Imprese, del Amore fraterno, della Corte, della Fortuna, della Stampa,* imprimé à Venise, in-8°, en 1562 : on en a donné même dans l'étranger plusieurs éditions. Les sujets qui y sont traités sont agréables et d'une saine philosophie.

L'ouvrage qui a pour titre : *Istoria de' detti, e fatti notabili de diversi Principi ed uomini privati moderni, etc.,* fut imprimé in-4°, à Venise, en 1556. Cet ouvrage, dans le genre de Valerius Maximus, et des autres auteurs qui ont traité le même sujet, est moins important que ceux que nous venons de citer, parce qu'il parut en grande partie traduit du latin d'Antonio Panormito. Il parut aussi en 1561, à Venise, en vers et in-8°, une tragédie de Domenichi, sous le titre de *La Progne, Tragedia.* On l'accuse d'en avoir volé le sujet et la composition; mais ce vol n'est pas prouvé : on a aussi de lui une comédie imprimée à Florence, in-8°, en 1563, sous le titre : *Le due Cortegiani;* cette comédie est une imitation des *Bacchides* de Plaute.

Des ouvrages originaux de Domenichi, qui n'ont pas été imprimés, on regrette avec raison que *la Storia della guerra di Siena* n'ait pas vu le jour. Ce doit être son travail le plus important, et en tout temps il aurait intéressé l'historien et l'homme de lettres.

Les traductions de Domenichi sont encore plus nombreuses que ses ouvrages originaux; on en compte plus de trente. Je nomme quelques-unes des plus importantes. Il commença à montrer ses grandes connaissances dans la langue latine, en donnant une traduction d'un ouvrage de saint Augustin, intitulé : *Santo Agostino, del bene della perseveranza,* imprimé in-8° à Venise, en 1544. Le premier volume de la traduction du grec de Polybe parut in-8° à Venise, en 1545; il ne contient que les cinq premiers livres, et quelques fragments du sixième, et a pour titre : *Polibio Istorico greco, dell' imprese de' greci, degli Asiatici, degli Romani, e di altri confinamenti delle Republiche, et della grandezza di Roma.* Le second volume ne parut qu'en 1553, et contient onze autres livres. Il est bien à regretter que ce soit tout ce que nous connaissons des quarante livres que le célèbre Polybe composa. Cette traduction a été fort estimée, et on en a donné une nouvelle édition en deux volumes, à Venise, en 1741, laquelle a été soigneusement corrigée sur le texte grec même, et augmentée de fragments jusqu'alors inconnus. Dominichi traduisit aussi plusieurs ouvrages de Xénophon. Les Hommes célèbres de Plutarque occupèrent sa plume, et il donna pour la première fois en italien les œuvres morales du même auteur. Sa traduction de l'Histoire Naturelle de Pline est accompagnée de beaucoup de corrections et d'explications, qui prouvent son habileté dans une science encore peu cultivée de son temps.

Cornelio Musso, philosophe, théologien, et sur-tout célèbre prédicateur, naquit à Plaisance au commencement du seizième siècle. La réputation de Musso, répandue dans toute l'Italie, parvint jusqu'au pape Paul III, qui estimait la vertu, et récompensait le mérite. Il l'appela auprès de lui à Rome, en 1538, et le nomma quelques années après évêque de Bitonto, dans le royaume de Naples. Le célèbre Della-Casa, Bembo, et une quantité d'autres personnages de distinction et de mérite l'honoraient de leur amitié : on l'appelait *l'Isocrate Italien*. Deux de ses sermons, dont plusieurs ont été traduits en français et en espagnol, doivent être remarqués par les amateurs de la belle typographie; ils méritent d'être cités comme deux des plus beaux ouvrages sortis des célèbres presses de Giolito, tant pour la netteté des caractères, que pour la beauté du papier et la correction du texte.

Giulio Casserio, qui naquit vers le milieu du seizième siècle, fut un des plus célèbres anatomistes de cette époque. Ses ouvrages prouvent qu'il fut un des premiers qui s'occupèrent en même-temps de toutes les autres sciences qui influent plus ou moins sur la médecine. Il professa avec succès, à l'université de Padoue, où sa réputation attirait beaucoup d'étrangers. Cet auteur est le premier qui ait bien traité l'anatomie comparée : ses dessins anatomiques sont faits avec une exactitude rare, par le peintre allemand Joseph Murer, et on les admire encore aujourd'hui, sur-tout dans l'ouvrage sur les cinq Sens, qui parut au commencement du dix-septième siècle, et où l'on trouve des vers à la louange de l'auteur, par mon savant compatriote Gaspard Bartholin, qui était son disciple.

Umberto Locato naquit au commencement du seizième siècle; il entra dans l'ordre des Dominicains, et fut zélé pour l'intégrité de la religion. Le pape Pie V l'appela auprès de lui, le nomma son confesseur, et ensuite évêque de Bagnareo, petite ville du territoire d'Orvietto. Umberto employa ses loisirs à l'étude de l'histoire, et particulièrement à celle de son pays. Il donna en latin un ouvrage sur l'origine de sa ville natale, qu'on trouve réimprimé dans le troisième volume du grand recueil du Trésor des Antiquités de l'Italie, par Grœvius.

Girolomo Parabosco cultiva avec succès la poésie et les belles-lettres; mais il s'occupa principalement de la musique, où il fut d'une force extraordinaire.

Il y a plusieurs comédies de Parabosco, qui ne paraissent pas avoir fait grande fortune dans leur temps; les auteurs modernes y trouveront peut-être des sujets intéressants et des détails agréables.

Don Severo Varini Fiorenzuola, de l'ordre des Bénédictins, a écrit des commentaires sur Cicéron et d'autres ouvrages. L'Arioste et d'autres savants du temps le nomment leur ami. Alessandro Ruinagio, orateur, poëte, et célèbre jurisconsulte; Luigi Cassola, assez bon poëte; et Giulio Clemente Scotti, dont les ouvrages prouvent un homme d'un grand savoir, mais d'un caractère turbulent et intolérant, naquirent également à Plaisance.

Je crois en avoir dit assez pour prouver le rang supérieur que Plaisance tenait, sur-tout au seizième siècle, dans les sciences et les lettres. Cette supériorité m'excusera pour l'étendue que j'ai cru devoir donner à l'article littéraire de cette ville. Je ne puis pas quitter ce sujet sans dire deux mots sur Ferrante Pallavicino, à qui ses malheurs ont donné une plus grande célébrité que ses nombreux ouvrages. Il avait de l'esprit naturel et de l'imagination. Il a beaucoup écrit, mais toujours pour attaquer la discipline de l'église catholique ou la conduite des papes. Il publia une satire contre Urbain VIII; *il Divorzio Celeste*, est le plus impie de ses ouvrages. Les nombreux ennemis qu'il s'était attirés voulurent enfin se défaire d'un écrivain si dangereux. Ils lui adressèrent un jeune homme appelé *de Breche*, fils d'un libraire de Paris, qui, après s'être lié d'amitié avec Ferrante, lui conseilla de s'en aller avec lui en France, pour se soustraire à la vengeance du pape. Au lieu de le mener à Paris, il mena Ferrante à Avignon, où la prison et la mort l'attendaient.

Un personnage célèbre dans l'histoire est né à Plaisance : le cardinal *Alberoni*, qui joua un si grand rôle dans la politique comme ministre d'Espagne.

Plaisance fut mis en cendres par les Carthaginois dans la seconde guerre punique; les Romains la rebâtirent. Cicéron donne à cette ville le titre de municipale. On regrette encore aujourd'hui la perte de l'Amphithéâtre situé hors de ses murs, qui fut brûlé dans la guerre d'Othon contre Vitellius. Totila, roi des Goths, assiégea Plaisance, et Alboin, roi des Lombards, la prit l'an 570.

Après le règne de Charlemagne, elle tomba entre les mains des rois d'Italie; depuis, elle partagea le sort des autres villes de cette contrée, dans le temps des Guelphes et des Gibelins : après avoir été successivement gouvernée par les familles Scotti, Turiani, Palavicini et Visconti, elle passa sous la domination des rois de France et du Pape. Son sort se lie actuellement avec celui de Parme, et on les appelle communément les *États de Parme*.

Plaisance possède encore aujourd'hui son historien le plus distingué; Poggiali vit toujours quoique très-avancé en âge. On a de lui une jolie collection d'épigrammes italiennes; le reste de sa vie laborieuse a été employé à écrire l'histoire de sa ville natale, et il possède une belle suite de livres rares et de manuscrits qui ont rapport à ce sujet. Sa collection d'estampes, encore plus précieuse, était composée de plus de dix mille gravures, représentant les portraits des hommes célèbres, faits par les plus habiles maîtres de l'Europe. Poggiali a cédé, il y a quelques années, cette superbe collection pour une rente viagère assez considérable.

Le nom de Landi est encore cher à la littérature. Plaisance possède dans le marquis Ferdinand de Landi un homme de lettres très-distingué; il est parent, à ce qu'on m'a dit, du célèbre peintre d'histoire du même nom, dont j'ai déjà parlé. Une bibliothèque superbe et une belle collection de tableaux ornent sa maison. Je connais de lui un éloge très-bien écrit de Lorenzo Mascheroni, célèbre mathématicien de Milan; il est inséré dans *le Memorie della Società Italiana*.

Il mourut, vers l'an 1768, un graveur habile en taille-douce, appelé Antonio Ivitz, qui était né à Plaisance de parens allemands. Il avait étudié à Rome avec Frey et Frezza. Ivitz grava très-bien le portrait de la Princesse de Hesse Darmstadt, celui en grand et en petit de Monseigneur Barni, évêque de Plaisance, et beaucoup d'autres objets. Son burin était agréable, mais on lui reproche quelques negligences dans le dessin. Cet artiste forma la superbe collection de tableaux, de portraits, de gravures et de sculptures, etc. de la maison Zandemmaria à Borgo Novo, où l'on admire particulièrement le portrait du président Papinien Zandemmaria.

Ivitz mourut archiprêtre à Borgo Novo Valtydonne, place à laquelle il avait été nommé par la maison Zandemmaria, protectrice des arts. M^r. Demagistris, sous-greffier de l'évêché de Plaisance, possède l'œuvre de ce graveur; il en a retouché plusieurs morceaux qui avaient souffert. Demagistris lui-même serait devenu un habile graveur, s'il avait étudié cet art dans sa jeunesse.

A Plaisance vit un vieillard appelé Comporeti, graveur sur métaux; cet habile artiste a aussi gravé plusieurs planches en cuivre, entre autres, les portraits de Saint-Louis Gonzaga et de Saint-Gaëtano.

Dans le Plaisantin, le froment est très-cultivé, et l'on en exporte une grande quantité pour les provinces voisines; il en résulte que le prix du maïs, nourriture principale du paysan, augmente tous les jours dans cette contrée. Les fèves, les sopeltes, les vesces, les lentilles, et toutes les autres espèces de légumes, y sont cultivées en abondance.

La culture de la vigne, sur-tout dans de certains endroits, ne contribue pas peu à la richesse du pays. On regarde avec raison la trop grande culture du blé de Turquie comme très-nuisible aux progrès de l'agriculture. On voudrait voir, dans une ferme bien tenue, la moitié du terrain destinée au froment, l'autre moitié aux fèves et aux légumes, et une très-petite partie seulement au maïs; mais, au détriment de l'agriculture, on voit généralement un tiers du terrain consacré au maïs. Des cultivateurs qui pensent plus au rapport du moment qu'au véritable intérêt de l'avenir, mettent quelquefois même la moitié de leur terrain en maïs. Une plus forte population accélérera aussi les progrès de l'agriculture. Il paraît cependant que le Plaisantin possède un plus grand nombre de cultivateurs que ses voisins, puisque plusieurs de ses habitants montagnards émigrent une partie de l'année : il paraît aussi que ces émigrations ont lieu non parce que la population est trop forte pour trouver de l'occupation sur son terrain natal, mais parce que l'ouvrier est plus largement payé dans les départements voisins que chez lui-même. On voit, dans le Plaisantin, tous les légumes très-bien cultivés, ainsi que les plantes d'agréments qui se retrouvent dans les autres parties de l'Italie. Mon attention se porta sur le chou appelé *cavolo cappuacio*, parce que les jardiniers font un commerce considérable de ses graines. Il y en a deux variétés, l'ordinaire *(ordinaria)*, et la fine *(fina)*; la graine de celle-ci est payée plus du double que celle de l'autre. Comme il faut un œil très-exercé pour distinguer la différence des graines de ces deux variétés, il convient, pour n'être pas trompé, de s'adresser à un jardinier de confiance quand on les achète. Le *cavolo cappuacio (brassica capitata)*, est ce qu'on appelle à Paris, *chou de Milan*, et ce qu'il serait plus convenable d'appeler *chou de Plaisance*, puisqu'il tire réellement son origine du Plaisantin. La luzerne est très-cultivée, bien fumée et bien engraissée; on peut la couper cinq à six fois par année. On élève beaucoup de bœufs dans le Plaisantin; on en exportait autrefois annuellement environ 6200, évalués chacun à 250 fr.; ce qui fait que ce commerce seul rapportait 300,000 fr. La ville de Plaisance consomme plus de 8000 moutons. On élève des cochons en quantité; on en exportait autrefois par année environ 24,800, qui, évalués à 17 fr. chacun, faisant la somme de 421,600 fr. On cultive beaucoup de fruits, et on en fournit principalement les habitants des environs de Lodi. On connaît dans le pays trente variétés de poires, dix-neuf de pommes, six de pêches, et autant de prunes.

Mori, Guarino, Pietro Ripalta, et sur-tout Giuseppe Agazarri, ont donné autrefois des ouvrages intéressants sur l'histoire de la ville de Plaisance.

Plusieurs écrivains s'en sont également occupés à une époque récente. Je citerai particulièrement Cristoforo Poggiali, qui a composé des *Memorie storiche della citta di Piacenza*, en douze volumes in-4°. Cet ouvrage, très-remarquable sur-tout par sa fidélité et sa saine critique, est rempli de recherches et d'érudition. Le travail, entrepris par ce savant bibliothécaire, commence à la fondation de la ville et se termine avec l'année 1731. Le même nous a donné, en 1789, deux volumes in-4°, sur l'histoire littéraire de Plaisance. Dans la préface, l'auteur lui rend plusieurs savants estimables que l'on avait cherché à lui ravir : il rend de même à leur pays natal quelques savants qu'on avait faussement appelés Plaisantins. Il a paru depuis un ouvrage de Vincenzo Boselli, historien distingué, dont le troisième et dernier volume vient d'être publié, et qui traite l'histoire de Plaisance depuis la fondation de cette ville jusqu'à l'année 1768.

Nous partîmes à midi pour Borgo San-Donnino : on fait vingt milles pour arriver à cette petite ville, où l'on compte trois mille habitants. La route est presque toujours entourée d'arbres, et les côtes qu'elle présente sont bien cultivées. C'est à San-Donnino, qu'en 1186 furent fixées les limites des Parmesans et des Cremonais. La population de cette ville a beaucoup souffert, il y a quelques années, par une épidémie. La cathédrale est d'un assez joli gothique. Le grand collége des Jésuites va devenir une maison de mendicité. M^r. Calamini était autrefois professeur de physique à ce collége ; il a fait à lui seul une assez bonne machine électrique, et il est l'inventeur d'une cheminée économique, sur laquelle il va bientôt publier un Mémoire. Je fus voir M^r. Plateretti, médecin distingué, qui a employé ses loisirs à l'étude de la chimie et de la minéralogie. Il était l'ami intime de Spalanzani, dont il possède beaucoup de lettres, et il m'assura que cet illustre savant était grand zoologue, mais qu'il ne s'était occupé de minéralogie et de géologie que depuis l'âge de soixante ans. Il paraît même que l'assiduité avec laquelle il cultiva cette partie intéressante de l'histoire naturelle accéléra sa fin. Plateretti possédait autrefois une belle collection de minéraux, qui a été achetée par la ville de Reggio.

Le 29 juillet, nous continuâmes notre route vers Parme ; il y avait encore quinze milles à faire. En s'approchant de cette ville, on voit la vigne cultivée de la manière dont Virgile l'a décrite dans ses Géorgiques. Les ceps, plantés dans le voisinage d'ormes, y entrelacent leurs rameaux en s'élevant, tandis qu'en bas ils sont soutenus par des échalas. Une guirlande de vigne réunit les intervalles qui sont entre chaque arbre. On ne voit plus les beaux arrosements de la Lombardie. Une poste avant Parme, on passe le *Taro* en arrivant à Castel-Guelfo, dont on croit que les Guelfes, qui jouèrent un si grand rôle en Italie, au treizième siècle, tirent leur nom ; mais cette opinion est contraire à celle de l'historien Affo. On trouve ici (pl. XXI), d'anciennes tours qui servent actuellement de logement au maître de poste. On y observe un genre de machicoulis, par où on jetait des pierres avant l'invention de la poudre à canon, qui sont plus longs que ceux qu'on voit dans les anciennes fortifications du midi de la France. Castel-Guelfo forme un petit tableau pittoresque. On m'a assuré que le grand Poussin a peint cette fabrique, et que notre agréable peintre Granet doit aussi en avoir tiré parti pour un de ses charmants tableaux.

Nous arrivâmes à Parme à onze heures du matin : il fallait y employer utilement la journée, sur-tout ne devant pas y séjourner plus de trois jours. Aucune ville d'égale grandeur n'offrait en Italie plus d'objets et plus de personnes dignes de piquer notre curiosité. Parme est tellement enterrée dans un fond, qu'on ne l'aperçoit qu'en y arrivant. Depuis le *Ponte del Mezzo*, qui couvre la rivière de Parma, et sur lequel on passe, on traverse une assez belle rue qui fait la longueur de toute la ville jusqu'à la porte de Bologne, pour arriver à l'hôtel du Paon, où nous logeâmes. Parme, qui avait, il y a quelques années, 34 à 36,000 ames, ne peut guères en compter aujourd'hui plus de 29,000 : on prétend qu'on y trouvait autrefois 60,000 habitants.

J'allai tout de suite chez le célèbre Bodoni, qui était l'homme qui pouvait m'être le plus utile, et lui portai une lettre de notre ami commun M^r. Moreau-de-Saint-Méry. On ne saurait être mieux reçu que je le fus par cet imprimeur, si justement renommé dans toute l'Europe. J'y fis la connaissance de Giuseppe Bagetti, ingénieur-géographe français de Turin ; il nous fit voir quelques-uns de ses dessins largement faits à l'aquarelle. Nous vîmes aussi le plan, dont le trait est gravé, d'une grande place qu'on veut faire à Milan, sous la direction de l'architecte Antonio de Bologne. Il faut détruire beaucoup de bâtiments pour l'exécution de ce projet gigantesque. Bodoni me fit voir des dessins au pastel qui représentent la coupole de Saint-Giovanni du Correggio, très-bien copiée par Locatelli. Il possède une copie magnifique du chef-d'œuvre à l'huile de Correggio, la Vierge avec l'Enfant-

Jésus et plusieurs figures, communément connue sous le titre de : *La Vierge de Saint-Jérôme*. On ne s'étonnera pas de ce que je loue tant une copie, quand on apprendra qu'elle est de Schidone. Bodoni a l'intention d'en faire cadeau au Musée de Milan : jamais il n'en pourrait faire un usage plus patriotique. Je vis aussi avec plaisir chez lui un petit portrait d'*Annibale Carracci*, fait par lui-même.

Mon goût pour les collections minéralogiques, que je savais avoir peu d'occasions de satisfaire en Italie, me conduisit naturellement chez le comte Linati. J'avais déja connu cet amateur à Paris, où il avait séjourné cinq années, pour s'instruire en minéralogie, ainsi qu'en chimie et en physique. Le cabinet minéralogique du comte est arrangé d'après la méthode du célèbre Haüy, dont les ouvrages, ainsi que les leçons particulières, m'ont servi de guide pour l'étude de cette belle partie de l'histoire naturelle. M. Camille Chierici de Véronne, à qui l'étude de la minéralogie moderne, en Italie, a de si grandes obligations, a employé plusieurs mois pour en faire le catalogue raisonné. On y trouve les descriptions exactes des formes régulières et de leurs localités : rien n'a été négligé pour ce travail instructif et intéressant; il est accompagné de notes et d'observations qui ne manqueront pas de le rendre en même temps aussi curieux pour le connaisseur que pour l'amateur. Le propriétaire est aussi dans l'intention de le faire imprimer, et il aura fait une des choses les plus utiles pour les progrès de la minéralogie de son pays.

On ne peut pas faire à cette suite de minéraux le même reproche qu'on est si souvent obligé de faire aux cabinets de ce genre, sur l'inégalité du format : les échantillons de cette belle collection sont presque tous, quand l'extrême rareté de l'objet n'empêche pas d'en trouver pour de l'argent, d'un format égal, d'environ de trois à quatre pouces carrés. En tout, le coup-d'œil attire, comme nous allons le voir. Tous les morceaux sont exposés sous de grandes cages en verre, placées sur des tables au milieu de deux salons arrangés pour cet effet. L'uniformité, la beauté, et la fraîcheur des échantillons forment un ensemble dont le coup-d'œil ne peut qu'égayer l'ame d'un minéralogiste.

J'ai parcouru cette nombreuse collection le catalogue à la main, et, à chaque instant, j'étais obligé de m'arrêter aux morceaux les plus précieux qui ne pouvaient manquer d'attirer l'attention d'un ami de cette science. Je suis fâché que la nature de mon ouvrage ne me permette pas d'en offrir des détails étendus : eux seuls seraient capables de faire apprécier aux amateurs et aux connaisseurs de la minéralogie l'intérêt que peut leur offrir un tel cabinet.

Je crois donc devoir me borner à nommer seulement quelques morceaux capitaux, afin d'engager les minéralogistes qui passent dans ces contrées, à ne pas négliger de visiter un cabinet que le propriétaire n'a pas formé en égoïste. Il croyait qu'en faisant voir ce qu'il possédait dans cette partie, il pouvait contribuer beaucoup à propager le goût de cette science chez ses compatriotes.

Toutes les espèces de chaux sont riches en formes régulières, et de la meilleure conservation.

Les corindons et sur-tout les cymophanes, sont très-variés en cristallisations. Tous ceux qui en ont cherché, verront combien il est difficile et rare de trouver des cristaux de cymophane si bien prononcés qu'on en pourrait mesurer les angles avec facilité.

Je ne parlerai pas du beau choix des émeraudes, des spinelles, des grenats, des néphelines, de la strontiane sulfatée, de Sicile, des plus belles variétés de méionites, des pyroxènes, sur-tout d'un très-beau morceau de siberite, des diamants de formes variées, etc. L'ensemble fait bien apercevoir les connaissances et le bon goût du comte Linati, et de M. Chierici, qui n'a pas peu contribué à enrichir cette collection par ses voyages.

Je m'arrêterai plutôt un moment encore à nommer plusieurs substances de la Norwège, de la Suède, et de l'Angleterre, qui, très-rares dans beaucoup de collections de l'Europe, le sont encore davantage dans celles de l'Italie; telles sont: la cryolite (alumine fluatée alkaline), appophyllite, wernerite, paranthine, yttrotantale, cérium oxydé silicifère, les cuivres arséniates, etc., en grande partie bien cristallisés et de formes analogues au reste de la collection, ce qui étonne à cause de leur grande rareté.

Je dirai encore un mot sur le grand nombre de morceaux d'or et d'argent natifs cristallisés, ainsi que de chrôme avec de l'or, et de tellure, sur lesquels je ne cessais de fixer mon attention. Le nombre des échantillons de cette précieuse collection monte à environ deux mille. Il a aussi une superbe suite d'aërolithes, et sur-tout un bien beau morceau du fer de Pallas.

On voit ici une des pierres météoriques de l'Aigle, département de l'Orne, qui pèse une livre. Le comte l'acheta à Paris, en 1803, de M. Lambotin, naturaliste : c'était la plus grande du premier envoi qui lui avait été fait. M. Linati ne s'effraya pas d'en donner une certaine somme, dans un temps où les hommes les plus éclairés doutaient encore que l'atmosphère en envoyât. Aujourd'hui ce phénomène ne nous paraît plus si extraordinaire, depuis que nous savons que plusieurs points de notre globe nous en ont déjà fourni ou nous en fournissent des preuves.

Il se trouve encore à Parme une autre collection minéralogique, très-intéressante pour l'étude de cette science, étant classée d'après la méthode de Werner, par le même M. Chierici, que nous venons de nommer. Elle appartient à M. de Porta; mais je ne pus pas la voir, le propriétaire étant absent.

Parme est donc la seule ville d'Italie où l'on peut en même-temps, comme à l'école des Mines de Paris, étudier les divers systèmes des deux chefs de la minéralogie moderne.

Des minéralogistes instruits, qui ont parcouru toute l'Italie, m'ont assuré que hors les deux collections de Parme, dont ils mettent toujours celle du comte Linati au premier rang, il n'y en avait que deux qui méritassent l'attention de l'étranger : celle du collége de la Sapienza, à Rome, mise en ordre d'après le système de Haüy, par Chierici, et celle du cabinet de Florence, qui, cependant, gagnerait infiniment si elle était arrangée par un homme habile, qui fût au niveau des progrès que la minéralogie a faits depuis trente années, en suivant les conseils de ses deux sœurs, la chimie et la géométrie.

J'ai été encore rendre ma visite au célèbre orientaliste, l'abbé Rossi, qui connaît beaucoup Silvestre-de-Sacy, dont il disait qu'on ne saurait parler avec trop d'éloges. Il a donné des commentaires sur les variantes de l'Ancien Testament, qui forment cinq volumes in-4°. Rossi possède plus de dix-sept cents manuscrits, de cette partie de la Bible. Sa collection est la plus complète qu'on ait dans ce genre; aussi en a-t-il imprimé un catalogue en trois volumes. Il a donné beaucoup d'autres ouvrages, et il est, pour le moment, occupé d'un petit dictionnaire des auteurs arabes, qui ne manquera pas d'intéresser les curieux de cette partie de la littérature, dont on s'occupe avec tant de succès, sur-tout à Paris et à Vienne. Rossi possède une suite d'environ quatre cents Bibles imprimées : on en trouve quarante, dont il n'est pas fait mention dans le catalogue de Lorke. La collection des Bibles de ce dernier, qui était pasteur de l'église allemande de Copenhague, passait jusqu'alors pour la plus complète qu'on connût. L'électeur de Würtemberg l'acheta, et on la trouve à Stutgard, où je l'ai vue. On remarque chez Rossi une qualité assez rare dans un savant si distingué; il aime tant la partie dont il s'occupe, qu'il trouve du plaisir même à communiquer ses idées à l'ignorant, qui en reçoit ainsi une légère teinture sans s'en apercevoir. Il a été, à Rome, l'ami du grand protecteur des sciences, le cardinal Borgia. Il connaissait beaucoup nos deux savants orientalistes danois Adler et Birch; le premier parle avec distinction de sa bibliothèque dans son voyage d'Italie. Le professeur d'antiquités Pietra de Lama, me disait que des Juifs lui avaient dit à Rome qu'il ne manquait à Rossi que d'appartenir à leur nation pour être un homme parfait.

Je passai agréablement la soirée chez madame Pompée d'All' Asta : c'est une femme pleine d'esprit et dont la conversation est très-intéressante. Elle n'aime pas seulement les arts, elle les cultive même avec succès. Élève de Regnault, je vis avec plaisir le portrait fort ressemblant de son père, qu'elle a très-joliment dessiné au crayon noir.

On voit (Pl. 22) à gauche la Porta della Rochetta, où finissait l'ancienne ville de Parme. Les machicoulis y sont de la même forme que ceux de Castel-Guelfo; mais l'étendue beaucoup plus grande de la tour offre un coup-d'œil plus agréable. A droite, on voit un petit pont du même nom, appelé aussi le *Pont Verd*. On y passe pour arriver à la Rochetta, ancien palais des Farnèses, dont on voit une partie de la tour qui servait de prison d'état, derrière un beau jardin, autrefois celui des ducs.

Le mercredi du 30 juillet, nous fîmes de bonne heure un tour sur les remparts, qui, de tous les côtés offrent des vues tantôt pittoresques, tantôt historiques. Nous en dessinâmes plusieurs, entre autres, au levant (pl. 23), une où l'on voit, à droite, le derrière de la cathédrale, ainsi que sa coupole et son clocher; à gauche, le derrière de l'église de Saint-Jean, sa belle tour et sa coupole, et, au milieu, le baptistère. Tous ces objets occupèrent une partie de notre journée.

La planche 24 offre, à droite, le clocher de l'église et du couvent de Sainte-Catherine des religieuses Augustines et Érémitanes; à gauche, le pont de Caprazzuca, qui traverse la rivière de Parma ; il est placé au bout de la rue qui porte son nom, et donne, de l'autre côté, dans la rue Sainte-Catherine; au fond, sont les Apennins. Le conseil général de la cité fit commencer ce pont en 1278, et on le termina en 1284. Il est de briques et compte treize arches, dont quelques-unes sont enfouies dans le terrain ; il a cent-dix toises de longueur. Ce pont, d'une construction très-agréable, a un trottoir de chaque côté; les voitures y circulent librement, et on jouit de la vue des deux bords de la rivière au-dessus et au-dessous. Dans les temps ordinaires, il y a si peu d'eau que les petites charrettes viennent prendre du sable dans le lit de la rivière, et peuvent la traverser. Le peuple appelle aussi le pont de Caprazzuca *il ponte del Diavolo*, parce qu'il croit que le diable l'a construit dans vingt-quatre heures, et qu'il évite de le traverser après minuit, de peur d'y rencontrer l'architecte.

Nous prîmes aussi sur les remparts la vue (pl. 25) du couvent de *gli Riformati*, en français, Récolets ou Franciscains, et en italien, *Cavichioli*. Ce dernier nom leur vient de ce que leur manteau est attaché avec un gros bouton de bois. Ils ont été institués à Parme, le 10 août 1706. Ce couvent est situé dans une rue qui le sépare de celui des Érémitans. Une des chapelles de l'église des Riformati est désignée sous le nom de *la Bonne Pastourelle*. L'autel, qui est d'un beau marbre, offre un bas-relief en plâtre qui représente la Vierge tenant l'enfant Jésus, et entourée d'un troupeau de moutons. Pendant les sept années qui ont suivi 1792, la Bonne Pastourelle attirait un grand concours de personnes; on demanda à l'Infant la permission de la mettre dans l'église, et elle y est aujourd'hui. Depuis la mort de l'Infant, la Bonne Pastourelle est négligée.

On a représenté (pl. 26.) la chapelle de la Madonna della Scala, située au bout de la grand' rue Saint-Michel, et qui prend son nom du bel escalier en pierre de taille par lequel on y monte. Elle a été bâtie en 1555 avec les offrandes faites à une Madonne gigantesque, tenant l'enfant Jésus, peinte à fresque, par le Correggio. Cette belle peinture orne aujourd'hui le principal autel de la chapelle; l'artiste l'avait faite d'abord pour décorer le portail de la maison d'un boulanger, à l'enfant duquel il avait servi de parain.

On va à Parme visiter les fresques du Correggio comme on va à Rome voir les chefs-d'œuvre du même genre de l'immortel Raffaello. Cette ville offre, en trois différents endroits, de grands ouvrages de ce genre, exécutés par ce célèbre artiste, si bien nommé le peintre des Graces. Mengs croit, et il me paraît avoir raison, que des deux coupoles peintes par le Correggio, celle qu'il exécuta la première fut celle de S.-Giovanni Vangelista, église appartenant à un couvent de Bénédictins. On en indique l'époque entre les années 1520 et 1524. D'après Affo, Correggio s'en occupa à l'âge de vingt-six ans. Il est heureux pour les arts que cet artiste, toujours original, ait commencé à produire ses plus beaux ouvrages dans un âge où ses confrères osent à peine présenter des essais, puisqu'une vie moins longue que laborieuse devait être son partage. Il peignit même l'année précédente, à son arrivée à Parme, une chambre dans le couvent de S.-Paolo. Il paraît toujours extraordinaire que Mengs n'en fasse pas mention, à moins qu'on ne veuille, comme Bodoni et d'autres, attribuer cette réticence à la jalousie, sentiment qui, malheureusement, nuit trop souvent aux progrès des beaux-arts et des sciences. On prétend, en effet, qu'il avait tiré partie de la composition de Correggio pour quelque ouvrage qu'il avait exécuté en Espagne. Ceci me paraît d'autant plus invraisemblable, que Mengs ne devait pas plus craindre qu'on ne s'aperçût qu'il avait vu Correggio que Raffaello. C'est toujours avec plaisir qu'on voit qu'il a senti les beautés du dernier, et c'est ce qui fait justement la plus belle partie de son éloge.

La coupole de S.-Giovanni représente l'Ascension de Jésus-Christ. Notre Seigneur s'élève au milieu; sa figure céleste, en raccourci, est entourée de lumière; tout autour sont assis les douze Apôtres, et, en bas, des personnes adorant, enflammées par sa divine figure. Aucune lumière ne vient d'en haut, ce qui aurait empêché de bien voir les figures, si l'artiste ne les avait pas faites d'une plus grande dimension. Correggio a prouvé, par le grand style qui règne dans ces figures, qu'on peut être grandiose sans avoir besoin d'imiter Michel-Angelo, comme le prétend Mengs, ce que Fiorillo réfute avec raison. On voit, près de la coupole, les quatre Évangélistes et les quatre Pères de l'église avec des anges; mais on regrette, avec raison, que la peinture à fresque n'en soit pas aussi bien conservée que celle de l'Ascension. Cette coupole a été gravée, pour la première fois, en 1700, sur douze feuilles, par Giovinini, et depuis, sur quatorze, par Mitelly: aucun d'eux ne donne l'idée du maître dont ils ont gravé l'ouvrage.

Une des choses les plus marquantes qu'on voit à fresque dans cette église, est, sans contredit, l'évangéliste Saint-Jean, occupé à écrire, et qu'on trouve au-dessus d'une des portes latérales. Cette fois-ci, il faut convenir que Mengs ne se trompe pas; il trouve dans la tête de l'apôtre des beautés Raphaëlesques, et chaque amateur éclairé sera du même avis. L'ensemble de toute la figure forme en même-temps un des plus beaux Saint-Jean que l'art de la peinture ait jamais produit: une grande vérité de nature règne par-tout ici, et nous force d'accorder à l'artiste des qualités que même ses meilleures peintures à l'huile nous obligent quelquefois de lui refuser. Il est cependant dommage que cette peinture ait noirci; mais ce qui en reste suffit toujours pour en faire sentir les beautés.

Le plafond du chœur rappelle encore le talent de Correggio, quoique n'étant qu'une copie par un de ses plus habiles élèves. Cesare Aretusi y copia en 1586 un couronnement de la Madonne par Jésus-Christ, qui, originairement, avait orné la tribune du chœur: cette copie fut faite lorsque la chapelle menaça ruine, et que les moines eurent envie de l'agrandir. On sauva, de l'original, la moitié de la figure de la Madonne et du Sauveur, qu'on voit avec plaisir sur un morceau de mur, à la bibliothèque du palais Farnèse. Plusieurs objets méritent encore d'attirer l'attention dans cette église; deux me frappèrent sur-tout: l'un est une très-belle copie de la nuit de Correggio, par Cesare Aretusi, un de ses élèves, qui approcha le plus de sa manière. L'Italie regrette, depuis nombre d'années, la perte de l'original de ce tableau, qui fait époque dans l'histoire de l'art; on le voit dans la galerie de Dresde. L'autre est le tableau d'autel du chœur, peint par Girolamo Mazzola, que je crois, avec Affo et Lanzi, neveu et élève plutôt que frère du célèbre Francesco Mazzola, connu sous le nom de Parmigianino. C'est une transfiguration de Jésus sur les nuages; Moïse et Élie y sont à genoux.

On cherche ici vainement deux tableaux du Correggio qu'on trouve aujourd'hui au Musée de Paris. L'un représente une descente de croix de Jésus-Christ : son corps repose sur les genoux de sa mère, qui, dans son extrême faiblesse, est soutenue par le petit saint Jean et par Salomé : la Madeleine fond en larmes, en étant témoin de ce spectacle fait pour attendrir une ame beaucoup moins sensible que la sienne. L'autre représente le martyre de sainte Placide et de sa sœur sainte Flavie. On voit aussi, dans la salle à manger des Bénédictins de cette église, une cène très-bien peinte à l'huile par Girolamo Mazzola, en 1562. Ceux qui ont le plus étudié le Correggio, lui attribuent la belle architecture à fresque qui entoure ce tableau.

A la cathédrale, ou, comme les Italiens l'appellent, au *Duomo*, on voit la coupole que Correggio peignit après avoir fini celle de Saint Giovanni. On l'a regardée avec raison comme bien supérieure. Mengs en dit : La coupole de la cathédrale de Parme est le plus bel ouvrage qui ait jamais été fait dans ce genre avant et après lui. Elle représente l'Assomption de la Vierge : il est dommage que ce chef-d'œuvre soit mal éclairé, et que la figure principale ait beaucoup souffert. On voit avec plaisir dans les quatre coins, où il y a des colonnes pour soutenir la coupole, les quatre saints, cités principalement comme patrons ou protecteurs de la ville de Parme. C'est saint Thomas, saint Hilaire, saint Bernard, et saint Jean-Baptiste, qui sont entourés d'anges. On retrouve par-tout le pinceau du peintre des Graces. Les raccourcis et le clair-obscur, deux parties si nécessaires pour la peinture des plafonds, et que beaucoup de peintres de nos jours n'observent pas, sont ici portés à leur dernière perfection. Il est dommage que le tout ne soit pas assez bien éclairé, et que les différentes heures du jour n'apportent pas même une aussi grande perfection à l'effet qu'on pouvait l'espérer. Il faut quitter ce chef-d'œuvre, après y être revenu plusieurs fois, fâché de ne pas voir se réaliser tout le plaisir qu'on en attendait. La fumée a sans doute contribué à le détériorer; mais rien ne nous étonne plus que de ne pas le trouver tout-à-fait détruit quand nous apprenons que le plomb qui couvrait la coupole à l'extérieur ayant été volé, on ne l'a replacé que plusieurs années après; ce qui a permis à l'humidité de détériorer un objet qu'une bonne couverture aurait pu si bien conserver. La description de cette Assomption de l'immortel Correggio n'a pas encore été bien faite, et elle est très-difficile à faire, comme celle de toute autre coupole. Celle-ci a été gravée en quinze feuilles par Vanni, en presqu'autant par Bonaveri, et la première pensée en six, par Aquila. Sisto Baldachino nous a donné les anges et les apôtres sur six feuilles à l'eau-forte. Il est dommage que ces gravures soient rares, et qu'on ne puisse que difficilement se les procurer. Correggio est un des maîtres, je crois, qu'on doit le moins copier, parce qu'il peignait plutôt par inspiration que d'après les règles; mais sa manière de composer, sa grace, son coloris, ne peuvent pas être assez sentis. Il est donc à regretter qu'il n'ait pas eu un élève comme Raffaëlo en avait un dans Marc-Antonio. Les chefs-d'œuvre de Correggio n'ont point été gravés, ou l'ont été souvent si mal, qu'on ne sait si l'on ne devrait pas plutôt desirer que le graveur n'y eût pas perdu son temps. On peut souvent profiter des erreurs des grands hommes, mais jamais des copies infidèles de leurs ouvrages.

On admire encore au haut de l'autel principal, dans la chapelle du chœur, des fresques que Girolamo Mazzola exécuta d'après ses propres dessins quand Correggio fut mort. Jésus-Christ y est représenté dans les nuages, entouré de saints. On voit encore dans la même église plusieurs fresques de Michel-Ange de Sienne, d'Orazio Sammachini de Bologne, de Lattanzio Gambara de Brescia, et d'autres, ainsi que quelques productions du fils de Correggio.

Je pense bien, comme tant d'autres artistes et amateurs, que Pomponio Allegri était bien loin de pouvoir être comparé à son immortel père : mais il ne fut pas tout-à-fait sans talent, ce qui n'arrive pas toujours aux enfants des grands hommes. Les plus belles plantes sont souvent les plus difficiles à se reproduire. On lui attribue un Moïse qui vient à l'appui de ce que j'avance.

On regrette avec raison que Correggio n'ait pas vécu plus de quarante ans : il est donc impossible de retrouver ses traits dans le portrait d'un vieillard peint à fresque près de la porte principale de cette église, et entouré d'une draperie blanche. Affo prétend que c'est le portrait de Lattanzio Gambara, qui peignit beaucoup à fresque dans cette église, et dont les traits ressemblent à ceux que Ridolfi lui a donnés dans sa jeunesse. La galerie de Florence ne possède aucun portrait de Correggio, et nous ne pouvons pas être fondés à croire que nous en avons un, puisque ceux que donnent Vasari, Sandrart, Lips et autres écrivains, n'ont été que copiés sur le vieillard de la cathédrale de Parme.

Francesco Petrarca fut chanoine, et après archidiacre de cette cathédrale : le chantre et le peintre des Graces se trouvent ainsi rapprochés pour immortaliser le même lieu.

Deux petits monuments de peintres sont aussi remarquables dans cette église ; le tombeau d'Augustino Carraccio, mort en 1601 ; et celui de Leonello Spada de Bologne, mort à Parme en 1622.

M. Gubernatis, subdélégué, place qui équivaut à celle de sous-préfet en France, et dont j'avais fait la connaissance chez Bodoni, me procura la permission de voir la peinture à fresque de Correggio dans le couvent de saint Paolo. Locatelli, qui a copié tous les chefs-d'œuvre de Correggio dans ce genre, et qui par-là est devenu un des hommes qui connaît le mieux sa manière, prétend, comme les autres connaisseurs, qu'Allegri l'exécuta avant la peinture des deux églises. Ce couvent, occupé par des Bénédictines, a été fondé vers la fin du neuvième siècle. Ces religieuses ont un costume noir. Elles ont par-devant comme une sorte de manchon en trois parties, dans lequel elles tiennent leurs mains ; le voile qui les décore est violet. On nia long-temps l'existence de la belle peinture d'Allegri dans une chambre du couvent, appelée Stanza del Correggio ; des gens du pays même en doutèrent. le P. Ireneo Affo était encore de ce nombre, dans un petit ouvrage qu'il publia en 1794, ouvrage qui est aujourd'hui devenu si rare qu'on a peine à se le procurer. Ce doute, publiquement énoncé par un homme aussi éclairé que le bibliothécaire du Duc, conduisit quatre professeurs de l'académie de peinture à visiter eux-mêmes cette chambre. Le rapport qu'ils firent en faveur de Correggio, piqua tellement la curiosité du duc Ferdinand I, qu'il visita lui-même le couvent peu de temps après, accompagné du P. Ireneo Affo. Ce dernier, après l'avoir examiné de nouveau, fut le premier historien qui chercha à prouver dans une petite brochure, que cette peinture était de Correggio. Il était alors aussi zélé défenseur de cette opinion que peu de temps auparavant il en avait été l'antagoniste. Avec l'homme éclairé il y a toujours des ressources ; il se fait même un honneur d'annoncer qu'il s'est trompé, du moment qu'il en est convaincu ; il n'est que l'ami de la vérité. L'ignorant, au contraire, ne croit jamais se tromper ; il doit toujours avoir raison, de là seul dépend malheureusement sa réputation. Cette chambre fut peinte dans les années 1519 et 1520, d'après les ordres de l'abbesse du couvent, Giovanna da Piacenza, d'une noble famille parmesanne, qui décora quelques chambres d'assemblées. On trouve les lettres initiales de son nom sculptées en pierre, ainsi que ses armoiries formées de trois croissants, qu'on présume avec raison avoir offert au peintre l'idée de représenter les sujets mythologiques dont nous allons parler. Cette stanza n'est pas seulement peu connue, mais elle est en même temps bien conservée, par les soins des religieuses et par les difficultés qu'elles mettaient à la faire voir.

La chambre, décorée de peintures, forme un carré dont chaque côté a environ vingt-quatre pieds de longueur. Sur les murs on ne voit de peinture coloriée à fresque qu'au-dessus d'une cheminée. Tout le plafond est peint en grisaille et bien conservé, à quelques petits endroits près, où il commence à s'écailler. Par-tout on reconnaît la grace de Correggio dans les enfants, par-tout on admire son coloris enchanteur.

Au haut de la cheminée, Diane, de grandeur naturelle, est représentée dans les nuages, revenant de la chasse dans un char à deux roues, tiré par deux biches, et prête à remonter au ciel. On ne voit qu'une petite partie des biches, à cause du défaut de place; la tête de la déesse est belle; un croissant brille au milieu de ses cheveux blonds. Elle tient avec une main son voile bleu qui s'élève dans les airs. On voit que Correggio, quoique jeune encore, avait beaucoup étudié les anciens poëtes, et les avait sentis : la manière dont il savait tirer parti de leurs descriptions, prouve qu'il fut digne de porter le titre qu'on lui accorde unanimement de peintre poétique. Tout le plafond représente un berceau de verdure; en haut, le ciel est rempli de génies représentés par des enfants gracieux qui jouent; en bas, seize ouvertures ovales où les autres figures grouppées sont toutes allégoriques à la chasse. Sous ces ouvertures on trouve autour des demi-cercles peints en camaïeux en grisaille, remplis de sujets tirés de la mythologie grecque et romaine, dont les figures ont deux pieds de hauteur. On voit encore avec plaisir, dans la lunette d'un des murs, une Fortune; mais on s'arrête sur-tout aux trois Graces. Sur l'autre mur, on voit une Vestale, un homme qui tient à la main droite une corne d'abondance, et à la main gauche une coupe qu'il vuide au feu; mais on y admire sur-tout une figure nue, qui, sans doute, représente Junon punie par Jupiter de la manière décrite au quinzième chant de l'Iliade. Sur le troisième mur, on voit un temple de Jupiter et une représentation des Parques d'une manière tout-à-fait originale. On trouve beaucoup de grace dans la figure d'une femme qui porte un enfant avec beaucoup de légèreté; on la croit Vesta qui porte Jupiter enfant. A la lunette du dernier mur, on voit un Triton qui joue de son instrument, mais on s'arrête sur-tout à une charmante femme nue qui porte un pigeon; on a voulu y trouver l'allégorie de la douceur et de l'innocence d'une abbesse. Ceux qui voudront étudier ce genre de peinture, comme ornements d'appartements, ne trouveront jamais un plus grand maître que dans Correggio. On doit donc savoir gré à Bodoni d'avoir fait dessiner tous ces sujets à la manière du crayon, par Francesco Vieira, Portugais, et professeur à l'Académie de Parme, et de les avoir fait graver par le célèbre graveur Francesco Rosaspina de Bologne. Le texte a été écrit, d'après ce qu'on dit, par Gerrardo de Rossi en italien, en français, et en espagnol; il y a 35 gravures sur grand in-folio. L'ouvrage a été publié en 1800 et coûte 400 paoli. Bodoni, qui a fait cette belle édition de luxe, a en même temps donné un petit extrait du texte qui renferme 46 pages in-quarto, et qui a pour titre *Descrizione di una pittura di Ant. Allegri, detto il Correggio;* l'éditeur ne vend pas ce petit ouvrage, il ne le donne qu'à ses amis.

Giuseppe Locatelli de Tolentino près d'Ancona, bon architecte, qui a construit un petit théâtre dans sa ville natale, peint très-bien au pastel. Il a, dans cette manière, à différentes reprises, copié presque tous les chefs-d'œuvre de Correggio qu'on trouve à Parme. Il copia aussi les peintures de cette chambre pour le gouvernement français. Locatelli peint on ne peut pas mieux au pastel, et aurait dû y sentir sa supériorité, en pensant que l'homme ne peut pas exceller en tout. Mais malheureusement pour sa réputation, il croyait s'en donner une beaucoup plus grande en peignant à l'huile : mais il se trompa. Il fit de cette stanza une copie à l'huile qui est bien loin de ses pastels. La touche en est maigre, et le coloris faible, défauts qu'on ne peut jamais reprocher à l'original, et pour lesquels on ne peut qu'accuser son copiste. Locatelli ne pouvait y copier qu'à de certaines heures de la journée; cette nouvelle m'aurait étonné si, à onze heures où j'y allai, je n'avais pas déja trouvé de certaines parties que je pouvais à peine voir.

M. Gubernatis, qui nous fit voir la stanza de Correggio, dessine très-joliment le paysage à l'aquarelle et au bistre. Il est natif de Turin, et a fait beaucoup de jolies vues de son pays natal, le Piémont. Elles me donnèrent l'envie de voir un jour, dans la belle saison, ces contrées que je ne fis que parcourir à des époques où les glaces et les neiges empêchent de jouir des beautés de la nature. Le plus beau dessin que cet amateur, qui mérite bien le nom d'artiste, me fit voir, représente une citadelle près de la ville de Suze.

Nous allâmes après à l'ancien château de la maison Farnèse, appelé *la Pilota*. On y trouve réunis la bibliothèque, l'académie des beaux-arts, et le grand théâtre.

La bibliothèque fut fondée, sous l'avant dernier duc, par le P. Paolo Maria Pacciaudi, à qui ses *Monumenta Peloponesiaca* ont donné sur-tout de la réputation. Elle nous fut montrée avec beaucoup de complaisance par le secrétaire Pezzoni, car pour le moment il n'y avait pas de bibliothécaire. La bibliothèque est divisée en plusieurs salles où l'on trouve environ cinquante mille volumes et cinq cents manuscrits, beaucoup de choses rares, des premières impressions; tout n'est pas encore en ordre; on s'en occupe maintenant. On possède toutes les éditions de Bodoni dont on estime le plus l'Horace, le Tacite et le Virgile. On y voit toujours un morceau de fresque représentant une partie du couronnement de la Vierge par Correggio, et qu'on coupa, comme je l'ai déja observé, avec le mur, dans le chœur de l'église de S.-Giovanni.

A l'académie des Beaux-Arts *(Academia delle Belle-Arti)* on voyait autrefois la Vierge de saint Jérôme de Correggio, actuellement à Paris; à sa place est un beau tableau de Schedoni, les trois Maries et l'ange au tombeau de Jésus-Christ, un des plus beaux tableaux du maître, et bien conservé. A la place où se trouvait le saint Jérôme, on en voit une copie par Canonico Tedeschi, peintre encore vivant. On y voit aussi la copie de la Madone de Correggio avec la couronne d'étoiles, par Annibale Carraccio, dont une moitié à fresque est à la bibliothèque. L'adoration des Mages de Girolamo Mazzola était autrefois un des plus beaux tableaux d'ici, ainsi que le Christ au tombeau, de Schedoni. Tous deux sont à Paris; mais on en a les copiés; on voit encore une Cène de Schedoni, et une Madona avec l'enfant, par Girolamo Mazzola.

Parmi les tableaux modernes, on remarque la Virginie de Doyen, un des meilleurs tableaux de ce maître, les figures en grandeur naturelle. Plusieurs tableaux de Landi, mais d'un ton rougeâtre et ne valant pas son tableau de Plaisance. Une Marine avec des rochers et des brouillards par un romain, Gregorio Fidanza, un des plus forts dans ce genre. La fille de madame le Brun n'est pas de ses meilleurs ouvrages. On voit encore quelques bustes en marbre blanc, trouvés à l'excavation commencée à Veleja en 1760; entre autres, ceux de Vespasien et de Vitellius, un petit de Lucius Verus, quelques statues de consuls, trois femmes, et d'autres figures; rien ne m'y a paru du premier rang, mais tous ont cependant du mérite pour la localité et l'histoire.

Le théâtre, qui passe pour le plus grand connu, est de Giambatista Aleotti et non *Aleati*, ouvert sous le duc Rannucio I en 1619. Il n'est pas, comme on me l'avait dit, de Vignola, ou de Bernino. Ce théâtre a beaucoup souffert, et coûtera immensément à rétablir. On y donne des tournois; on peut le mettre sous l'eau. Il est un peu couvert, et sert à conserver les décorations. A côté se trouve un petit théâtre en bois sur lequel les princes et la noblesse paraissaient autrefois.

Il Battistero, qui est à côté *del Duomo*, est du onzième siècle; on y voit de beaux fonds de baptême octogones d'environ vingt-huit pieds de circonférence. Ils sont d'un seul morceau de marbre rougeâtre de Vérone, dans lequel on remarque de grandes taches blanches. La peinture, dans le goût de l'ancienne mosaïque, est digne d'être observée pour l'histoire des Arts en Italie. On commença à construire ce monument en 1196, époque où il fut peint, et on le finit en 1260. Il paraît certain que Parme, au treizième siècle, avait déja des peintres, même avant le Florentin Cimabue, qu'on veut ordinairement citer comme le premier en Italie.

On passe un long pont pour venir à l'église *del Annunziata;* on y voit, à un des autels, un petit tableau à fresque de Correggio, qui a beaucoup souffert. Il présente un ange de profil, avec des cheveux bruns; levant un doigt de la main droite, il annonce l'arrivée de la Vierge; autour d'elle un petit ange: par-tout la grace de Correggio. Marie baisse modestement les yeux, la main droite sur sa poitrine. Ses draperies sont rouges et bleues. La décence n'a jamais été mieux exprimée dans ce sujet que par Correggio. Les cheveux blonds de la Vierge sont couverts par un voile blanc.

L'église *della Steccata* passe pour la plus élégante de Parme. Affo prouve qu'elle fut bâtie par l'architecte Bernardino de Zaccagni de Torchiara. Il y a ici de Parmegianino, en camaïeu, un Moïse au moment où il jette les tables de la loi à terre; c'est un de ses derniers et meilleurs ouvrages. Cunego l'a gravé dans *Gavin Hamilton's Schola Italica picturæ*. Il y a aussi des fresques d'Anselmi, Girolamo Mazzola, Bernardino Gatto, appelé il Sojaro, et d'autres.

Le grand jardin de l'autre côté de la rivière autrefois *il Reale giardino,* est public. Dans le palais du jardin il y a une chambre à fresque d'Agostino Carraccio, représentant des petits amours : ce sont les derniers de ses travaux, car il mourut en s'en occupant en 1601.

Quoiqu'on ait beaucoup enlevé à Parme, il y a encore plus à voir pour les beaux-arts que dans aucune autre ville d'Italie d'égale grandeur et population.

L'art typographique a toujours été cultivé avec soin dans la ville de Parme. Cette ville eut dans Antonio Zarotto le premier imprimeur né Italien. Ainsi pense Affo, quoique Tiraboschi accorde cet honneur à Filippo Lavagna de Milan. D'autres regardent ce dernier plutôt comme protecteur de la typographie que comme imprimeur. Mais qu'importe, Parme aurait toujours en Zarotto le second imprimeur né Italien. Peu de temps après, Andrea Portilia fit imprimer, avec autant d'élégance que de goût, les Commentaires de Francesco Filelfo sur les triomphes du chantre immortel de la belle Laure, et l'histoire naturelle de Pline. On ne doute plus que les Métamorphoses d'Ovide ne soient sorties de ses presses, ainsi que les œuvres de Virgile.

Après Portilia, Parme posséda dans son sein Stefano Corallo de Lyon, célèbre par son impression de Pline et d'Ovide. Michele Manzolo, imprima encore une fois l'Histoire Naturelle de Pline. On n'oubliera jamais non plus les efforts d'Agnolo Ugoleto pour avancer l'art typographique. Les Bucoliques de Calphurnius et de Nemesianus le prouvent. Il imprima aussi l'Iliade d'Homère, les œuvres de Claudien, et les petites déclamations de Quintilien, qui virent par lui le jour pour la première fois, ainsi que les lois municipales de Parme.

Passons sous silence les autres typographes qui ont illustré cette ville et qu'Affo cite dans son ouvrage sur la typographie de Parme; et parlons de celui qui, depuis trente ans, quoiqu'il n'y ait pas reçu le jour, l'a cependant illustrée par une suite nombreuse de belles éditions, qui assureront à son nom, ainsi qu'à la ville qui l'a si favorablement accueilli, une des premières places dans les fastes de la belle typographie. Ces lignes ont déja nommé celui dont je veux parler : c'est Giovanni-Battista Bodoni.

Pour sortir de la classe commune, dans quelque genre que ce soit, il faut plus qu'un talent ordinaire : les Didot, les Bodoni, en sont la preuve. Les premiers réunissent des connaissances dans la poésie et les belles-lettres; le second n'en manque pas dans la bibliographie et l'histoire d'Italie. Ce n'est pas ici que j'établirai un parallèle entre ces célèbres imprimeurs; les comparaisons entre les artistes vivants ne sont pas permises aux contemporains, elles sont réservées à la postérité. On ne doit se permettre de comparer que les ouvrages du même homme; et ce ne sera que d'après ces principes que je parlerai de Bodoni.

Une des premières choses qu'il ait imprimées à Parme, ce sont les *Epithalames pour le mariage de Charles Emmanuel de Savoie*. Cet ouvrage parut alors une merveille, pour la variété et la beauté des caractères. Son *Anacréon*, qu'il donna en 1784, avec des lettres capitales, a été admiré de toute l'Europe. Son *Longus*, en Italien, est cité comme un modèle de l'harmonie typographique; et son *Callimaque* se distingue par de très-jolis caractères carrés. Son *Dante*, son *Pétrarque*, son *Tasse*, sont connus. Son *Horace*, son *Tacite*, son *Virgile*, ne le peuvent être assez; ce sont ses chefs-d'œuvre. Beaucoup d'autres ouvrages sont sortis de ses presses; mais il est réservé un jour à son biographe d'en donner un catalogue raisonné.

Son imprimerie n'a pas seulement été lucrative pour la ville et les états de Parme; elle a encore servi à encourager et à améliorer les arts utiles. Bodoni avait long-temps mérité le titre de citoyen de cette ville; mais il fallait qu'une occasion s'offrît pour qu'on pût lui présenter cette couronne, d'une manière digne de lui, digne de ceux qui la lui décernèrent. Le magistrat avait arrêté que les discours funèbres prononcés sur la tombe de Ferdinand Ier, dernier duc de Parme, Plaisance et Guastalla, seraient imprimés. On invite Bodoni à se charger de l'exécution, et il les imprime en trois différents formats. Il n'en veut accepter aucun paiement, satisfait d'avoir donné une preuve de ses sentiments pour la ville de Parme, et d'avoir pu contribuer à célébrer la mémoire d'un prince chéri. L'éloge funèbre du duc fut présenté aux magistrats; l'élégance, la netteté et la grande perfection de cet ouvrage attirèrent leurs regards; et Giovanni-Battista Bodoni fut élu, le 28 juillet 1803, citoyen noble de Parme, et inscrit dans la classe des anciens Piazzesi. On décréta en même temps que la magistrature s'occuperait, à sa prochaine séance, de la manière de rendre publics les sentiments du corps civil pour l'illustre typographe. Le 17 août de la même année, on décréta pour lui une médaille d'or, ornée de son portrait, d'emblèmes analogues et d'inscriptions en son honneur. Ce décret fut sanctionné par le gouvernement. Cette marque de distinction de la part de la ville de Parme fut d'autant plus flatteuse pour Bodoni, que cette ville a été très-avare de pareilles faveurs. On ne se rappelle pas qu'elle les ait décernées plus d'une fois; et cette fois même la médaille ne fut pas d'or.

On décréta en outre que la médaille porterait l'année où Bodoni avait fait sa généreuse réponse. On lui fit, entre plusieurs inscriptions proposées, la suivante :

CIVI. OPTIMO. DECURIONI. SOLERTISS. ARTIS. TYPOGRAPHICAE. CORYPHAEO. ERUDITISS.
EX. XII. VIRUM. PARM. DECRETO.

Le professeur Manfredini, très-bon graveur en médailles, de Milan, fut chargé de l'exécution. Elle est entourée d'une couronne d'olivier, et le revers offre le portrait de l'immortel typographe de *Saluces*, avec ces mots :

JOHANNES. BAPTISTA. BODONI. M.DCCC.III.

On n'a frappé que cinq épreuves de cette médaille en or, une pour Bodoni, une pour le gouvernement de Parme, une pour le cabinet des médailles de Paris, la quatrième a été déposée dans les archives de la ville, et la cinquième fut donnée comme souvenir à l'administrateur général de la ville, Moreau de Saint-Méry. On en a frappé deux cents en argent et deux cent cinquante en cuivre, et l'on a ensuite brisé le coin pour ne pas la rendre commune. Ce coin ne fait qu'ajouter à la réputation de Manfredini; le portrait est très-ressemblant.

Le 24 février 1806 fut fixé pour décerner publiquement la médaille. Les anciens de la commune *(gli anziani della communita)* avaient prié leur président, le comte Philippe Linati, amateur zélé de la minéralogie et des belles-lettres, d'inviter Bodoni, dans le discours qu'il prononcerait à la distribution de la médaille, à éterniser, par la voie de l'impression, des honneurs si justement mérités : c'est ce qu'on vient de faire.

On avait décrété que le professeur Rosaspina de Bologne graverait la médaille pour orner le frontispice de l'ouvrage, et les anciens de la commune chargèrent leur collègue, le professeur Jacopo Tommasini, de l'accompagner d'une relation, et de rassembler et de mettre en ordre les actes relatifs à cet objet. La fête fut célébrée : le comte Linati prononça un discours précis et convenable à l'homme auquel il fut adressé. Bodoni y répondit d'une manière touchante, et la douce muse d'Angelo Mazza, improvisa un sonnet sur le portrait de Bodoni.

L'ouvrage dont il s'agit vient de paraître, pour ainsi dire secrètement, car il ne sera donné qu'à ceux qui ont reçu la médaille. On en a tiré des exemplaires en petit in-folio et in-4°. Il a pour titre : *Medaglia d'onore decretata dal publico di Parma, al celebre tipografa Giovanni-Battista Bodoni, cittadino Parmigiano. Crisopali* MDCCCVI.

La médaille du frontispice ne fait pas autant d'honneur au burin de Rosaspina que beaucoup d'autres de ses ouvrages.

Le nom de Giovanni Battista Bodoni est depuis long-temps favorablement connu en France par les amateurs de la belle typographie. Le public a nouvellement admiré une partie des belles éditions sorties de ses presses, à l'exposition publique des produits de l'industrie nationale. On a vu avec plaisir que le gouvernement français, satisfait de ses efforts pour élever l'art typographique à une aussi haute perfection, n'a pas hésité de lui décerner la première médaille d'or.

Les premiers essais de Bodoni, encouragés par le chevalier Azara, n'ont pas trompé l'attente des amateurs.

La présence de Bodoni et de son épouse à Milan, donna occasion au prince Eugène de leur donner des marques particulières de son estime et de sa bienveillance, et de demander tous les exemplaires du *Pater Noster*, récemment imprimé chez lui. Bodoni y donne cinq langues de plus que Marcel, au mérite duquel il rend justice; mais jaloux de la perfection de son talent, il a cherché à le surpasser et il y a réussi. Le prince Eugène met en même temps le plus vif intérêt à ce que cet imprimeur ne retarde pas l'impression de son Homère, qui sera composé de cinq volumes in-folio; trois de l'Iliade et deux de l'Odyssée. On n'en tirera que cent cinquante exemplaires. Ceux qui peuvent mieux juger que moi la véritable forme des lettres grecques, assurent que l'on en a jamais porté à un plus haut degré l'élégance et la beauté. On a donné comme programme l'hymne à Cérès du même auteur, traduit en Italien par le professeur Lamberti. Le prince a commandé du parchemin à Augsbourg, pour son exemplaire. J'ai vu les premières feuilles de cette édition, et je ne doute pas qu'elle n'ajoute encore à la gloire typographique de Bodoni. Le professeur Lamberti de Brera à Milan, s'occupe à rédiger le texte et à revoir scrupuleusement les épreuves. Il m'a dit que les éditions des professeurs Wolf et Heyne lui fournissent le meilleur texte, et qu'il faut cependant se garder d'avoir trop de confiance dans le premier, et de n'en avoir pas assez dans le second.

Bodoni travaille actuellement à son manuel typographique. C'est un monument pratique de son art qu'il laissera à la postérité; il a plus de cent quarante différents caractères latins et italiens. On y travaille déja depuis plusieurs années, et l'on ne peut espérer de le voir fini que vers la fin de l'année 1810. Cet homme laborieux lime et revoit lui-même tous ses caractères. D'autres imprimeurs à Parme s'en servent. Mais ce n'est pas seulement dans cette ville qu'on en fait usage; on en envoie aussi dans les états Vénitiens et en Toscane. Bodoni n'a jamais voulu tirer son papier des pays étrangers; ce qui n'aurait pu qu'augmenter la beauté de ses impressions. Il s'est toujours servi du papier fabriqué dans le Parmesan, et il est parvenu par ses efforts, dans ces dernières années, à l'avoir plus beau; mais il n'en conserve souvent pas moins une teinte jaunâtre, qui empêche les caractères de bien ressortir. Cet imprimeur a une immense quantité d'ornements, qui auraient pu être quelquefois d'un meilleur goût, s'il avait habité une plus grande ville, où il aurait suivi les conseils d'artistes habiles.

Bodoni me donna la notice qu'il a imprimée en 1804 sur ses différentes éditions, qui, si l'on compte les divers formats, montent à plus de deux cents. Il y en a beaucoup des auteurs classiques tant grecs que latins, des poëtes italiens du premier rang, et quelques auteurs anglais et français.

Nommé adjoint du maire, il cherche, autant que ses occupations le lui permettent, à être utile dans cette place à sa seconde patrie; ce qui ne lui coûte pas beaucoup, vu son excellent cœur, naturellement serviable et franc. Son portrait a été gravé par Rosaspina, mais on regrette, quand on l'a vu, de ne pas le trouver ressemblant. On le reconnaît plutôt à la manière dont il a été dépeint par le comte Carle Gustavo Rezzonico, della Torre, dans son poëme intitulé : *Memnosine*. Originaire de Parme, l'auteur rend justice au grand talent de Bodoni, avec lequel il a honoré sa seconde ville natale, et place avec raison son nom à la tête de ceux à qui l'art typographique moderne en Italie a les plus grandes obligations.

Le 31 juillet je rendis visite à M. le comte Sanvitali, amateur et protecteur des beaux-arts et des sciences. Il possède un beau cabinet d'histoire naturelle, riche en oiseaux et coquillages; on y trouve aussi un certain nombre d'insectes bien conservés. On regrette que ses occupations comme maire l'empêchent de s'occuper autant qu'il le desire de son cabinet. On y voit aussi quelques beaux tableaux, entre autres la première production de Parmesanino qu'Affo cite dans sa vie; un beau Leonardo da Vinci; un superbe Salvator; un charmant petit Correggio; un Luca Giordano, qui représente Jésus-Christ qu'on met au tombeau; divers Breughel de la meilleure manière de faire du maître; et de très-beaux dessins de Parmigianino que Bossi a très-bien gravés à Parme. M. le marquis de Rosa, secrétaire de l'académie des beaux-arts, possède une belle collection de tableaux, que je ne pus pas voir parce qu'il était absent. M. Ortalli, le négociant, qui a une très-jolie suite d'estampes. D. Pietro Zanni, dont je desirais faire la connaissance, n'était pas pour le moment à Parme: il publia en 1802, en italien, un ouvrage très-intéressant sur l'origine et les progrès de la gravure en bois.

Le professeur Callani est très-instruit dans les arts; il a séjourné long-temps à Rome. J'ai vu de lui un grand tableau qui représente la famille Scotti à Plaisance. Le pape y est aussi représenté pour rappeler à la postérité que sa Sainteté logea dans leur maison, à son passage dans cette ville. Les draperies sont bien faites et la composition est heureuse, qualité qu'on peut rarement accorder aux ouvrages de ce genre. Ce peintre perdit il y a quelques années une demoiselle, qui avait déja donné des preuves de ses grandes dispositions pour la peinture, en remportant un prix à Milan; elle avait de la facilité pour la composition, et était née avec le sentiment de la couleur. J'ai vu d'elle un ou deux portraits très-bien faits. Le fils de cet artiste promet aussi, si non de lui faire oublier, au moins de lui adoucir la perte douloureuse de sa fille. Ce professeur possède un joli petit tableau de Benvenuto da Garofalo de Ferrare, une belle tête de Léonardo da Vinci, et un magnifique dessin de Polidoro da Carravaggio, qui représente l'enlèvement des Sabines.

J'ai déja parlé de plusieurs petits ouvrages de l'abbé Ireneo Affo. Le nom de cet écrivain infatigable, qui mourut encore jeune vers la fin du siècle passé, est intimement lié avec l'histoire de Parme, par deux grands ouvrages qui lui font infiniment d'honneur. L'un est une histoire de la ville de Parme, publiée en quatre volumes in-4°, depuis 1792 jusqu'à 1795; il est malheureux que ce grand travail n'ait pas été terminé. L'autre contient des Mémoires sur les savants et les hommes de lettres parmesans, et forme cinq volumes in-4°. Cet ouvrage a été terminé après sa mort, en 1797. On trouve dans ce précieux recueil des notes sur deux cent soixante-dix-huit savants nés dans les états de Parme. *Pozetti* a publié, en 1802, un éloge d'*Affo*, qui a été accompagné de notes par l'avocat *Brannieri*.

En politique, Parme partagea le sort des autres états d'Italie; leur bonheur ou leur malheur était inséparablement lié. Sous les Romains on en formait une colonie; *Charlemagne* après l'avoir délivrée du joug des Lombards, en fit présent au pape, et il ne s'écoula que peu de temps avant qu'on la transformât en république. Ayant beaucoup souffert pendant les guerres des *guelfes*, elle retourna de nouveau aux papes : *Paule III* en gratifia son fils *Ludovico Farnèse*. Parme resta alors dans cette famille jusqu'à ce que l'Espagne l'obtint en 1731, à-présent elle est réunie au royaume d'Italie.

Cette ville donna, il y a quelques siècles, une preuve marquante de son amour pour les arts, par plusieurs tableaux qu'elle fit faire à *il Baptistero*, à qui je viens de rendre le tribut d'éloge qu'ils méritent.

La famille *Mazzola* fournissait déjà plusieurs peintres distingués au commencement du seizième siècle, dont *Fransesco Mazzola*, qui naquit en 1503, et qu'on appelle communément *il Parmegianino*, restera toujours avec raison le plus célèbre; il mourut en 1540 à peine âgé de trente-sept ans, et trop jeune pour avoir pu donner à son talent tout le développement qu'on acquiert par l'expérience. Le baptême de Jésus-Christ, qu'il exécuta à l'âge de seize ans, donne une haute idée de son talent prématuré. On voit de ses plus beaux ouvrages dans l'église de Saint-Jean. En allant à Rome, il fut naturellement inspiré de *Raphaël*. On aime avec raison à voir le peintre d'histoire anatomiste : les connaissances profondes que le Parmesan possédait dans cette partie de l'art, le conduisirent souvent à exagérer l'indication des formes humaines. Ses dessins à la plume sont généralement estimés par les amateurs. M. *Denon*, directeur du Muséum, à Paris, en possède une suite précieuse, dont il a fait l'acquisition pendant son premier séjour en Italie; je l'ai souvent examinée avec l'attention qu'une telle collection mérite. On admire de cet artiste le Saint-Roch à Bologne, et sa Madonna della Rosa dans la galerie de Dresde. On voyait autrefois un beau tableau de lui dans un couvent à Bologne, représentant une Madonne accompagnée de plusieurs autres figures, il est actuellement dans la capitale de la France. Cet ouvrage a toujours passé pour un des principaux de ce maître, quoiqu'il y eût des parties qui ne paraissaient pas parfaitement finies. Le jugement le plus flatteur qu'on peut citer sur ce tableau, c'est de dire que le Guide le préféra même à la sainte Cécile de *Raphaël*. *Pomponio Amidano* et *Giacinto Bettoja* sont les meilleurs élèves sortis de la grande école que ce maître forma.

Girolomo Mazzola était vraisemblablement le frère de *Fransesco*, il approchait de la grace de *Corregio*, et il sera difficile de lui faire un plus grand éloge. On admire dans la galerie de Dresde, son saint Georges aux pieds de la Madonne, qui tient un enfant dans ses bras. Son grand et beau tableau de l'Adoration des rois, qui ornait autrefois l'autel principal d'une des églises de Parme, est à-présent à Paris.

Nous quittâmes Parme le 1er août de bonne heure; il y a six postes à faire pour aller à *Mantoue*, dont trois pour arriver à *Guastalla*, petite ville insignifiante, qu'on a nouvellement réunie au royaume d'Italie; les alentours en sont assez mal cultivés; la route se fait sur des élévations; l'eau n'y paraît pas abondante, à en juger d'après les trous qu'on est forcé de faire de distance en distance pour rassembler les eaux de pluie. Il y a deux postes de cette ville à *Castel-Nuovo*, où l'on passe le *Pô*, qui y est d'une belle largeur; il faut environ dix minutes pour le traverser, et on n'a alors qu'une poste à faire pour arriver à *Mantoue*, qu'on voit dans une plaine située au milieu d'un lac formé par les eaux du *Mincio*. — *Mantoue* compte actuellement vingt mille ames; la guerre, ce grand fléau de la population, l'avait réduit, il n'y a pas long-temps, à ne pas en compter dix-sept mille.

Le château ducal, communément appelé *la Corte*, est vaste, et présente un des objets qui attire ici le plus l'attention des curieux. On y admire la belle *salle de Troie* par *Jules Romain*, un des peintres qui a eu les plus grandes conceptions, et qui mérita par ses vastes plans de construction, le nom d'un des premiers architectes de son siècle; tout n'y a cependant pas été exécuté par lui, il fut souvent aidé par son habile élève *Rinaldo Mantovano*; on y admire par-tout la belle composition, et la vigueur de l'exécution propre à cet artiste. On a restauré cette salle il y a une quinzaine d'années, mais on craint avec raison que cette restauration ne nuise à l'opinion qui était établie depuis si long-temps sur le mérite de ces productions. On montre à côté, un plafond représentant les douze signes du zodiaque qu'on dit du même maître. Auprès de ce salon il y en avait un autre, où l'on voyait les portraits des douze Césars peints par le Titien, au-dessus desquels *Jules Romain* avait exécuté à l'huile douze autres sujets historiques, mais le tout a été détruit par les flammes en 1630.

La cathédrale est exécutée sur les dessins de *Jules Romain*; elle est belle, ainsi que *Santa-Andrea*, où est enterré *Andrea Mantegna*; on regrette avec raison que l'intérieur de ces édifices n'ait pas été terminé.

Près de l'église de *Santa-Barnaba*, on ne passe pas sans une certaine vénération devant la maison nouvellement restaurée, que *Jules Romain* fit construire et qu'il habita; sur la porte d'entrée est placé un *Mercure antique* que ce grand artiste rapporta de son voyage de Rome. *Jules Romain* mourut en 1546 à peine âgé de quarante-sept ans, et fut enterré à *San-Barnaba*, où on lui posa l'inscription suivante :

ROMANUS MORIENS SECUM TRES JULIUS ARTES
ABSTULIT HAUD MIRUM QUATUOR UNUS ERAT.

qui a malheureusement disparu en reconstruisant l'église; aussi ne peut-on pas indiquer au juste l'endroit où le corps de ce grand peintre était placé.

A *S.-Egidio* je ne pouvais pas cesser d'admirer la simple inscription qui couvre les ossemens de l'immortel *Tasse*, et qui est généralement trop connue pour être citée ici.

L'après-dînée fut employée à visiter le *palais del T*, qui n'est pas bien éloigné de la ville. Cet endroit sera à jamais révéré par les amateurs des beaux-arts. *Jules Romain* que je viens de nommer, n'en est pas seulement l'architecte, tout l'intérieur peint à fresque est de sa composition, exécuté par lui et ses élèves. Le professeur *Giovanni Bottani* en a donné en 1783 une petite description très-bien faite, ornée du portrait de l'artiste d'après l'original qu'on trouve dans la galerie de Florence. — Le château est composé de quatre grands appartements, et d'une vingtaine de chambres. — On rencontre dans l'un le superbe ouvrage en stuc exécuté par le *Primatis* et *Gio. Baptista Mantovano*, sur les dessins de *Jules Romain*, qui me paraît représenter un triomphe de l'empereur *Sigismonde*, en mémoire d'un marquis mantouan qu'il venait de créer. Ces sujets ont été gravés en vingt-six planches par *Pietro Santo-Bartolo*, et illustrés d'un texte par *Gio. Pietro Belloni*. La chambre des Géants est une de celles que je ne pouvais me lasser d'admirer. Les Géants sont frappés par le foudre de Jupiter. Cette composition est généralement admirée, et l'on ne cessera pas d'en faire l'éloge, tant qu'on aimera la grandeur du style et la belle exécution. On y remarque sur-tout l'expression des figures des Dieux, ainsi que de celles des Géants; l'écho résonne ici d'un bout à l'autre. Une autre chambre est enrichie de la superbe composition des noces de *Psyché*. On y reconnaît bien la main de *Jules Romain* dans la figure gigantesque qu'on voit au-dessus de la cheminée. *Polyphéme* est assis sur une grande pierre; dans une certaine distance on aperçoit la mer, *Acis* et *Galathée*. On donne aussi à *Jules Romain* plusieurs fresques, dont on remarque sur-tout celle qui représente *Jupiter* sous la figure d'un Dragon avec *Olympie*, l'épouse de *Philippe*, roi de *Macédoine;* il l'observe par la fente d'une porte pendant qu'un aigle lancé dans l'air lui jette le foudre qui l'aveugle d'un œil. Le reste de la chambre de Psyché n'a pas été exécuté par *Jules Romain*, mais en grande partie par ses élèves. On admire dans l'appartement appelé *la Grotte*, plusieurs figures allégoriques d'une belle composition et bien exécutées. Nous retournâmes ainsi bien satisfaits de l'emploi que nous avions fait de notre journée, en examinant les grandes productions d'un des plus dignes élèves de l'immortel *Raphaël*.

Nous dédiâmes la matinée du samedi, 2 août, à *Virgile*, le chantre des Héros, de la Vie agreste et des Bergers. A deux petits milles de Mantoue on arrive à *Pietola*, que les anciens appelaient *Andes,* où est né l'immortel poëte, fils d'un potier, même d'après le rapport des plus anciens éditeurs de cet auteur classique. Mantoue ne le vit pas naître, quoiqu'il ordonna lui-même de mettre sur son tombeau à Naples : *Mantua me genuit;* mais je ne trouve rien de plus naturel qu'il ait plutôt voulu passer pour originaire d'une ville que d'un village, sur-tout en étant si peu éloigné.

Nos recherches pour trouver l'endroit où Virgile vit le jour, furent vaines. On prétend que c'était dans un petit bâtiment, auprès duquel avait végété un arbre. Mais l'habitation a été détruite et l'arbre coupé dans des temps très-reculés qui auraient dû savoir mieux conserver sa mémoire, en respectant l'endroit où naquit un si sublime poëte, qu'on cherche en vain à égaler. Nous vîmes l'église du village qui est située sur la place avec l'Hôtel-de-Ville; j'en donne une vue (pl. 27) en l'honneur de Virgile, qui me rappellera toujours les doux souvenirs de ma jeunesse.

Tout près de là, *Virgiliana*, ancien château de plaisance des ducs; on prétend qu'il y avait dans le jardin une grotte où Virgile composa ses vers, mais aucune trace n'en a laissé la marque à la postérité.

Dans les dernières guerres, les souvenirs du grand poëte ont encore été utiles à ce petit village. Ses habitants ne furent pas seulement exempts des contributions de guerre, ils reçurent même des indemnités pour les pertes qu'ils avaient déja souffertes.

Un heureux hasard voulut que l'homme qui avait déja su honorer la mémoire d'*Arioste* et de *Catulle*, devait aussi commander à *Mantoue;* le général de brigade *Miollis* fut nommé commandant de cette ville en 1797. Il n'oublia naturellement pas le grand nom que Virgile avait laissé à ces environs par tant de chefs-d'œuvre; il exprima dans une lettre du 21 floréal à la municipalité, ses regrets de ne trouver dans les lieux qui virent naître ce grand auteur, aucun monument qui en rappelât le souvenir, et invita à ériger à *Pietola* un obélisque entouré de bosquets, pour indiquer le lieu où il prit naissance. L'architecte *Paul Pozzo* en fit le plan. Sur une pyramide à trois faces, on grava des vers en l'honneur de *Virgile*. Le 24 vendémiaire 1797, la fête fut célébrée. Le général *Miollis* érigea ce monument, ayant fait l'acquisition du terrain avec des fonds auxquels il avait généreusement refusé, et en engageant les habitants de *Pietola* à consacrer à la mémoire de leur illustre compatriote, une partie des contributions dont il les avait fait exempter. La place choisie était située à l'ancien *Andes* vers le côté qui regarde *Mantoue,* et sur les bords du *Mincio.* La pyramide fut en marbre de Styrie, environnée de hautes allées entourées de fossés profonds, susceptibles de pouvoir, à volonté, être mis sous l'eau.

On plaça dans les quatre principales allées, les statues des fameux épiques : *Homère, le Tasse, Milton,* et *Voltaire.*

Les neuf Muses, distribuées en quatre groupes, ornaient les bosquets de lauriers et de myrtes. Le temple d'*Apollon* qui en formait le point-de-vue, était parsemé de bustes des hommes les plus célèbres dans les arts et les sciences. L'académie de sculpture s'engagea d'en fournir deux gratuitement tous les ans. Le général *Miollis* en économisa la dépense assez adroitement, en changeant l'usage originaire de plusieurs figures en marbre; il avait, entre autres, fait un *Carron* d'un *saint Cristophe*, une *Vénus* d'une *Magdelaine*, et une *Minerve* d'une *Ursule*.

La fête fut célébrée le 14 octobre, au centre de l'endroit même. Les académies et la plus belle société de dames s'y trouvait réunie, présidée par le général *Miollis* lui-même. On y prononça des discours en vers analogues au sujet. Les noms de *Cesarotti*, de *Betinelli*, et de l'abbé *Mari* y brillèrent. La bonne musique savait encore égayer la fête. Le discours du vice-président fut sur-tout parsemé de traits en l'honneur de Virgile. Il y observa, en sage historien, que quatre cents ans étaient encore à peine écoulés, qu'on frappa à Mantoue des médailles qui honoraient les Mantouans du titre de *Peuple Virgilien*. On y fit des fêtes en son honneur; les papiers publics portaient son portrait; et sa statue ornait plusieurs maisons.

Plus d'une fois on regarda les honneurs faits au chantre latin, comme des insultes contre la nation dont on avait été vainqueur. *Charles Malatesta*, seigneur de *Rimini*, vicaire impérial de Mantoue, au XIVe siècle, en étant le maître à la suite d'une victoire, fit renverser, mettre en pièces et jeter dans le lac, la statue de Virgile, qu'il trouva couronnée de fleurs. Long-temps après on en repêcha la tête qu'on plaça sur un buste de stuc à *Sabionetta*, et qui orna après l'académie de Mantoue, d'où elle fut ensuite envoyée à Paris.

Les Tyroliens détruisirent le beau monument que nous venons de décrire, après l'entrée de l'armée autrichienne, mais Miollis le renouvela, quoique en petit, après sa rentrée, le 28 pluviose an IX, et plaça sur une colonne à Mantoue, le buste de Virgile qu'il avait fait fondre avec les canons ennemis trouvés dans l'enceinte de la ville même. L'inauguration en fut faite le 30 ventose de la même année.

Nous visitâmes, en retournant, le musée de l'académie royale de Mantoue, qui se trouve dans un beau salon divisé en vingt-cinq compartiments. Les Français n'y enlevèrent qu'un *Virgile*, un *Adrian*, et un *Euripide*, dont le dernier, après le jugement de *Léopold Volta*, secrétaire de la ci-devant académie, passa pour le plus beau buste qui y existât. Le bas-relief qui représente une *Médée*, qui y reste est encore toujours digne de l'attention d'un amateur éclairé, ainsi qu'une quantité d'autres objets décrits dans *Museo della reale Academia di Mantoua*, ouvrage publié en 1790, mais que le temps a rendu très-rare. On trouve dans le vingt-quatrième compartiment, deux bas-reliefs en bronze de *Bacchus* et de *Silène*, qu'on croit généralement avoir été sculptés par *Diana de Mantoue*, mais que d'autres prétendent, je crois avec raison, être de *Marco Antonio*.

Je rendis dans l'après-dînée, une visite à *Léopold Volta*, actuellement maire de la ville et à la tête de la grande bibliothèque composée de soixante-mille volumes. Le frère du maire *Giovanni Seraphini Volta*, qui était adjoint du célèbre *Spalanzani* à *Pavie*, écrit le texte d'un ouvrage sur les Poissons de *Monte Bolca*, qu'on trouve au cabinet de *Vérone*. Le comte *Guliani*, qui est directeur de cette belle entreprise, a érigé pour ce but une imprimerie à Vérone; ce grand et intéressant travail pour les progrès de la géologie, n'est pas encore achevé.

Le maire a une collection intéressante des portraits de savants et d'artistes mantouans, entre lesquels je distinguai celui de *Balthazar Castiglioni*, fait par *Raphaël*, qui était son ami; les bras en sont malheureusement coupés. Le même portrait se voit dans le Musée de Paris, mais avec des mains et des bras; on ne peut donc pas raisonnablement douter que l'un ou l'autre ne soit une copie.

AU NORD DE L'ITALIE.

Le célèbre abbé *Bettinelli* vit encore âgé de 89 ans. On a beaucoup de bons ouvrages de lui, entre lesquels on distingue, *Due Discorsi della lettere e delle arti Mantouane,* qu'il publia in-4° en 1774.

Mantoue est fameuse par ses siéges; la forteresse devient beaucoup plus difficile à prendre à cause des marais qui l'entourent et qui peuvent tous être mis sous l'eau. Ces marais rendent généralement l'air épais et malsain. Ils ont diminué depuis une dixaine d'années, ce qui a, dit-on, beaucoup chassé les maladies. Autrefois la plus grande partie des étrangers n'osaient pas sortir après le coucher du soleil, crainte de gagner des fièvres.

Nous quittâmes *Mantoue* le 3 août, pour continuer notre route vers *Brescia*. A une lieue de *Castel-Nuovo*, on passe à *Peschiera* où il y avait autrefois une forteresse qui avait coûté des sommes immenses à construire aux Vénitiens, mais que les Français ont démolie il y a quelques mois. On cotoie ensuite en grande partie le lac de *Garda* jusqu'à la petite ville de *Desenzano* (pl. 28) située sur ses bords; il y a jusqu'ici onze milles, ce qui fait presque une poste et demie, et par-tout on rencontre des plantations de muriers et de vignes. Le lac qui a onze lieues de long sur cinq de large est sur-tout célèbre par la presqu'île de *Sirmione* (pl. 29), que *Catulle* a chantée si noblement sous le nom de *Sirmio;* ce poète si gracieux y séjourna souvent, et les Français ont inutilement fait des recherches pour trouver les fondements des grottes qui portent toujours son nom. La pêche de ce lac fut aussi toujours très-renommée. Les anciens ainsi que les modernes reconnaissaient la bonne qualité d'une quantité de différents poissons excellents qu'elle produit et qui en font une branche de commerce assez considérable. Il y a encore onze milles jusqu'à *Brescia*. Le temps ne me permettait que d'y coucher. On prétend que cette ville, entourée de montagnes calcaires et de prairies bien arrosées, compte encore aujourd'hui quarante mille habitants. Un plus long séjour m'y aurait fourni des observations intéressantes, tant sur la Minéralogie que sur l'Agriculture italienne.

Lundi 4 août, nous partîmes de bonne heure pour *Bergame*, distante de trente milles, ce qui fait environ onze lieues. On fait cette route dans un pays où la culture des terres a été perfectionnée par les merveilleux secours que l'art a su offrir à la nature. Plus on approche de cette ville, ainsi que de ses faubourgs, plus on est enchanté de leur situation pittoresque sur les montagnes environnantes.

Cette ville, qui ne compte actuellement que trente à trente-deux mille habitants, a toujours passé pour si ancienne, qu'on prétendait ignorer son origine. Le savant *Giovan Buttista Rota*, dans son ouvrage, *Dell Origine e della storia antica di Bergamo*, qui a été publié en 1804, croit prouver que cette ville est fondée par les *Orobi*, qui, d'après lui, ne sont ni d'une origine *Gauloise* ni *Étrusque*.

Sur la grande place (pl. 30), est une statue colossale sur laquelle on lit: *Torquato Tasso;* l'exécution n'en fait pas grand honneur à *Vismara*. On ne conçoit pas aisément pourquoi *Foppa* a fait ériger ici ce monument à l'immortel auteur de la *Jérusalem délivrée*, qui était natif de *Sorrente* près de *Naples*, ou, d'après d'autres, de *Padoue*, si ce n'était pour indiquer que son père, *Bernardo Tasso*, dont le fils a éclipsé le nom, y vit le jour. Au *Palazzo del Podesta*, est à-présent l'Hôtel-de-Ville. On y travaille à un nouveau théâtre dont les pierres de taille sont déjà placées au fond de la cour. La municipalité se tient actuellement dans le *Palazzo Nuovo* qu'on voit à droite; et à gauche, le *Palazzo Vechio*, dont le bas est gothique et le haut moresque; on y joue la comédie depuis quelques années. Je crois avec raison qu'on peut appeler ce monument un des plus beaux, dans le style gothique, de tous ceux de ce genre qui ornent la partie d'Italie que nous venons de parcourir.

Près d'une des portes, nous dessinâmes le couvent de *Santo-Agostino* (pl. 31), agréablement situé sur les rochers, et qui sert à-présent de caserne. Nous prîmes de l'autre côté (pl. 32) la vue de l'église de ce monastère qui sert de magasin aux troupes. *Ambroise*

Calapin, qu'on prétend avoir le premier publié un Dictionnaire au commencement du seizième siècle, y est enterré.

Bergame, qui fait un grand commerce de soie, est aussi connue que le pays des Arlequins. Nous ne vîmes que le bâtiment où la foire est tenue, car elle ne commence que vers la fin de ce mois, et ne termine qu'au commencement de septembre; elle jouit à-présent presque de la haute réputation d'une des grandes foires de l'Allemagne.

Les Bergamasques sortent beaucoup de leur pays, comme les Savoyards, pour gagner leur vie; on en trouve en grande quantité à Rome, à Naples et à Gênes, où ils servent de domestiques et de garde-malades; leur fidélité y est si reconnue, qu'elle est même souvent passée en proverbe dans d'autres villes. A *Santa-Maria Maggiore* on voit avec plaisir les fresques de *Giovanno-Baptisto Tiepolo,* tout en regrettant que le temps ne respecte pas assez cette façon si agréable de peindre; la composition laisse, comme dans tous les ouvrages de ce maître, peu à desirer, pendant qu'on est souvent loin d'y retrouver cette correction du dessin qui obligera souvent à l'avenir de citer les maîtres de notre temps. Les tableaux en marqueterie de bois par *Cavagna,* sont bien autant de chefs-d'œuvre dans ce genre, mais cependant cette manière de représenter les sujets prouve combien elle est éloignée d'approcher de la perfection de la peinture à l'huile. *Angelica Kaufmann* a, pendant son séjour en Italie, fait cadeau à cette église d'un tableau représentant une Sainte-Famille; la beauté d'un saint Jean très-bien fait laisse facilement apercevoir que c'est l'Enfant Jésus et saint Joseph qui ont le moins réussi dans toute la composition, et nous rappellera toujours les difficultés qu'on rencontre en voulant marcher sur les traces d'un *Raphaël* ou d'un *Corrège.*

Le vieux Muséum n'existe plus; on veut en ériger un autre au *Palazzo Nuovo.*

Les arts et les sciences embellirent de tout temps Bergame. *Polidore de Carravage* naquit près de cette ville, où *Palma Vechio* vit le jour.

Francesco-Maria Tassi nous a donné, en deux volumes in-4°, en 1793, un très-bon ouvrage sur les peintres, architectes et sculpteurs de ces contrées. L'Académie de peinture de cette ville n'oubliera jamais tout ce qu'elle doit au comte *Giacomo Carrara.* Il forma une école de peinture, ainsi qu'une école gratuite de dessins pour douze pauvres demoiselles. Il fit des collections immenses pour les progrès des Beaux-Arts, et mourut en 1796 âgé de quatre-vingt-deux ans.

Le nom de *Lupi* est connu par les diplomates, et celui de l'abbé *Mascheroni,* par les mathématiciens. Deux hommes de la famille de *Pasta* honorent la médecine; mais je vais en passer un grand nombre sous silence, pour en citer deux autres qui prouvent avec quelle justice Bergame brille plus qu'aucune autre ville d'Italie, sous le rapport de l'histoire et de la bibliographie? Qui ne connaît pas la vie de *Torquato Tasso,* par *Pier-Antonio Serassi,* et l'Histoire de la Littérature italienne de *Girolamo Tiraboschi.*

Bergame eut en politique presque le même sort que toutes les autres villes dont nous avons déja parlé; elle fut gouvernée par des souverains de diverses familles, après la défaite des *Guelfes* et *Gibelins,* particulièrement des *Suardi,* jusqu'à ce qu'elle se rendit elle-même aux *Vénitiens* en 1428. Aujourd'hui on la trouve réunie au royaume d'Italie.

Le 5 août suivant, nous continuâmes notre route pour *Verone,* en retournant en grande partie sur nos pas, jusqu'à ce que nous fussions rentrés dans le territoire *véronais,* généralement très-fertile.

A *Vérone* nous visitâmes l'amphithéâtre ou l'*Arena,* qu'on appelle aussi *Cirque.* On n'est pas d'accord sur l'époque de sa construction : *Carli* dit qu'elle date du règne de l'empereur *Vitellius.* Sa vaste étendue et sa belle conservation sont admirées. On prétend qu'il peut contenir cinquante mille personnes, nombre auquel on fait monter les spectateurs réunis dans une fête donnée au Pape à son passage dans cette ville, vers le milieu du siècle dernier. Nous fûmes le soir au spectacle, construit dans son enceinte; plus de deux mille personnes y assistèrent; ce qui ne nous donna qu'une faible idée de l'imposant coup-d'œil que devait produire autrefois le grand théâtre. La voix des acteurs était généralement trop faible pour s'y faire entendre, peut-être ne perdait-on pas beaucoup. Mais que peuvent raisonnablement exiger du talent de ces acteurs ceux qui ne paient leur place que quatre sols.

Un monument aussi important pour l'histoire avait naturellement encore attiré l'attention du général *Miollis*. Il écrivit le 12 avril 1801, avant de quitter la ville, une lettre au gouvernement provisoire, dans laquelle il annonçait qu'il avait chargé le général *Lastrange* de donner ses soins à ce que le superbe cirque qui honorait tant la ville, fût dégagé de tout ce qui pouvait l'endommager, et de le maintenir dans le meilleur état de conservation. Il priait en même temps le gouvernement de continuer d'en couvrir les dernières marches, pour conserver ce monument digne de l'admiration et de l'envie de toutes les nations.

Près de là est le théâtre moderne, orné d'une superbe entrée par *Palladio*; et à côté on trouve arrangées beaucoup d'inscriptions et le buste de *Joseph Peregrino*, mort en 1800.

On voit au Musée de *Maffei* beaucoup de monuments antiques très-curieux, principalement des inscriptions de la plus haute importance pour l'histoire, quoiqu'on se rappellera toujours avec une espèce de regret que les Français y enlevèrent un *autel*, une *inscription testamentaire*, un *trépied*, une *figure de Diomède* en bronze et trois *vases étrusques*.

Mercredi 6 août, nous vîmes les quatre ponts qui traversent l'*Adige*, qui sépare *Vérone* en deux parties; *il Ponte della Pietra* (pl. 33) est peut-être avec raison attribué aux Romains; mais ce qui est encore plus sûr, c'est qu'il a été refait par les habitants de la ville en 1155.

Nous vîmes, chez le libraire *Ramozini*, la nouvelle édition qu'on prépare du *Dictionnaireo della Crusca*; elle est faite par *Antonio Cesaro*, auteur d'une traduction d'*Horace*, de deux volumes de poésies et d'autres ouvrages. Ce Dictionnaire n'était autrefois composé que de cinq volumes, il en formera à-présent au moins sept, et contiendra cinquante mille mots de plus que l'ancien. Chaque feuille coûte *tre soldi*. Tout en reconnaissant le mérite de cette entreprise, il faut convenir que le papier qu'on emploie est mauvais comme celui de beaucoup d'autres ouvrages publiés en Italie. Le caractère est aussi trop petit pour un Dictionnaire, genre d'ouvrage dont on est obligé de faire usage à chaque instant. Le premier volume, qui a nouvellement paru, contient plus de cinquante-cinq feuilles d'impression.

La cathédrale est d'un style gothique qui ne présente d'intérêt que sous le rapport de sa grande ancienneté.

Plus loin que l'auberge des *Due Torri* où nous logeâmes, est située l'*église de Santa-Anastasia* (pl. 34), sur le bord de l'*Adige*; ce qu'on y voit de plus remarquable, ce sont les deux tombeaux des *Scaligers*, qui, à la vérité, sont fort anciens, mais construits dans un si mauvais goût, qu'on les prendrait plutôt pour des tours que pour des monuments destinés à conserver les cendres des hommes illustres.

La *Porta Stupa* est une porte moderne dont on ne se sert plus, mais qui par son bon goût fera toujours honneur à l'architecte *San-Micheli* qui l'a construite.

On voit dans l'intérieur de la ville trois arcs de triomphe; celui qui est près de *Castel-Vechio* (pl. 35) a été construit par un architecte appelé *Vitruve*, mais qui n'est pas le même qui nous a laissé un si bel ouvrage sur l'architecture. Le pont qu'on voit à gauche jouit à juste titre d'une haute réputation; il a trois cent cinquante-neuf pieds de long et se compose de trois arches, dont la plus grande a cinquante pieds d'ouverture de plus que le fameux pont de *Venise*. *Maffei* en a donné une vue, dans laquelle il supprime la citadelle, ce qui la rend beaucoup moins pittoresque. Nous croyons que celle que nous offrons satisfera davantage, sur-tout en y ajoutant à gauche une partie éloignée de la ville même.

Nous fîmes le tour de *Vérone* en grande partie entre des forteresses démolies. Près de l'*Adige*, on rencontre beaucoup de moulins. La pierre dont on fabrique les meules m'y a paru de deux qualités différentes, comme celle que j'avais déja observée à mon dernier passage dans ces contrées : 1° un pouding de *Brescia*, 2° un grès d'*Avecoaro* situé à vingt milles au nord-ouest de *Vicence*.

Vérone a deux bibliothèques; celle du Dôme compte 9000 volumes; on y voyait autrefois d'assez précieux manuscrits qui ont été enlevés par les Français; une autre commence à s'organiser au Lycée, on y trouve déja 6000 volumes.

Le nom des deux frères *Piedemonte*, a, dans les derniers temps, donné une certaine réputation à la littérature de ce pays; celui qui a fait des tragédies est dangereusement malade.

Chez le comte *Gazola* se trouvait autrefois la seconde collection des poissons de *Bolca*, composée de dix-huit caisses; il l'offrit au gouvernement français au nom de la ville, et elle fut transportée à Paris. Cet amateur distingué, encore propriétaire de quelques objets d'histoire naturelle, possède un assez beau cabinet de tableaux où l'on distingue, 1° de *Lucas Jordano*, un saint Pierre qui sort de la barque, belle composition de six grandes figures; 2° de *Carlo Marato*, une Vierge avec l'enfant, et encore une autre figure qui fait honneur à son pinceau; 3° de *Palma Vechio*, la Vierge avec l'enfant, la Magdelaine et saint Joseph; 4° de *Carlo Maratto*, une Vierge avec l'enfant; 5° de *Paolo Veronese*, un petit saint Jean; 6° du *cavaliere Barca*, Joseph qui explique les songes; 7° Job, demi-figure de *Spagnoletto*; 8° du *cavaliere Bosetto*, un saint Jérôme d'une très-belle couleur; 9° de *Ricci* dit *Bossari*, un Mercure avec la Renommée et Pallas, figures de trois quarts de grandeur naturelle; 10° de *Lelliarsi de Novallara*, une belle copie en petit de la fameuse nuit de *Corregio*, qu'on admire tant dans la galerie de *Dresde;* peut-être fut-elle retouchée par l'artiste même, car on dit qu'il en est question dans la vie de ce peintre des Graces.

Je visitai hors d'une des portes la manufacture de couleurs de *Passe*, lequel demeure à la *Via Nova;* on y raffine principalement *la terre de Verone*, on y fabrique une couleur jaune avec une ocre ferrugineuse qu'on trouve dans les environs, ainsi qu'une couleur brune foncée, une blanchâtre et d'autres.

Vérone qui, après la paix de *Presbourg*, fut entièrement réunie au royaume d'Italie, doit aujourd'hui compter 52,000 habitants. Quand j'y passai en 1805, la ville appartenait en même temps aux Français et aux Allemands : on portait alors la population de la première partie à 24,000, et celle de la seconde à 16,000.

Le *ponte Pignole* (pl. 36) est un très-petit pont de traverse qui, animé par l'*Adige* et les bâtiments qui l'entourent, offre aux passants un coup-d'œil très-agréable.

Les fabriques de *Vérone* sont généralement construites dans un bon goût, la *porte près du rempart* (pl. 37) en est une preuve.

Nous partîmes pour *Vicence* à quatre heures de l'après-dînée, il y a trois postes et trois quarts; et nous logeâmes à *la Scuda de Francia*.

Jeudi 7 août, nous commençâmes à parcourir la ville. Ma première visite fut naturellement rendue au comte *Giuseppe Marzari*, ami de mon ancien compagnon de voyage *Cordier*, que j'ai connu personnellement à Paris. Il vient de publier : *Corsa nel Bacino del Rodando e per la Liguria d'Occidente con la Oritografia del Monte Coiron. Vicenza*, 1806, un volume in-8°; l'auteur me fit cadeau d'un exemplaire, ainsi que de plusieurs morceaux de *stilbite* blanche, bleue et rouge, et de *mesotype* de *Montechio Maggiore*, à six milles de la ville, dont il vient d'envoyer une suite complète à l'École des Mines de Paris, accompagnée d'un catalogue raisonné.

On a, avec raison, beaucoup parlé des ouvrages du célèbre architecte *Palladio*, natif de cette ville, dans laquelle il a construit une vingtaine de monuments. On possède un si

AU NORD DE L'ITALIE.

grand nombre de dessins et descriptions des ouvrages de ce maître, que je ne chercherai qu'à donner une idée générale de l'impression qu'ils ont produite sur moi : j'étais sur-tout curieux de voir *la Rotonda*, dont j'avais si souvent entendu parler; elle n'est éloignée que d'un quart de lieue de la ville. Le comte avait la complaisance de m'accompagner à la campagne de la comtesse *Valmarana*, située près de ce fameux ouvrage du célèbre architecte : on y jouit d'une vue superbe sur toute la vallée Vicentine. L'intérieur de son grand palais est tout peint en fresque par *Giovanno Baptisto Tiepolo;* j'y trouvai sur-tout la chambre qui représente l'histoire d'Iphigénie, d'une composition gracieuse et d'une exécution vigoureuse. La maîtresse de la maison ainsi que mademoiselle sa fille, remplies de grace, nous reçurent avec une affabilité à laquelle nous devions nous attendre d'après l'amitié qu'elles portent à la personne qui nous présenta.

La fameuse *Rotonda* est un des chefs-d'œuvre de *Palladio;* on en trouve trois gravures détaillées dans : *il Forestiere istruito nelle cose più rare della città di Vicenza*, par *Giuseppe Giulliani*. L'artiste y montre une grande supériorité dans son art, par l'habileté avec laquelle il a tiré parti du local. Ce qui attira sur-tout mon attention, ce fut de voir toutes les colonnades faites de briques, et couvertes en plâtre. Ce beau monument fut commencé par le comte *Paolo Almerico*. Il passa bientôt au marquis *Marius Capra Gabrielis*, qui le fit terminer par l'architecte *Vicenzio Scamozzi*, qui a écrit sur l'architecture. La *Rotonda* est presque tout-à-fait négligée par le possesseur actuel, quoiqu'elle soit toujours restée dans la famille de *Capra*. Les Anglais et d'autres nations l'ont imitée à diverses époques.

A deux lieues de la ville est située l'église *Della Madonna del monte*, à laquelle on peut passer par un long portique couvert. On y trouve un assez bon tableau de *Ménageot*, représentant une Vierge aux Anges, qu'il laissa comme marque de reconnaissance du bon accueil qu'il reçut des habitants de cette ville, où il fit un assez long séjour en revenant de Rome. On admire encore dans cette église un escalier de *Palladio*, et on voit dans le réfectoire un grand et beau tableau de *Paolo Veronese*, représentant saint Grégoire à table avec Jésus-Christ.

Une demoiselle de distinction eut la complaisance de me faire une invitation à la manière italienne; elle me pria de venir passer la soirée à l'opéra, dans leur loge.

En dînant chez le comte *Marzari*, nous y vîmes l'esquisse de l'adoration des mages de *Paolo Veronese*, dont le grand tableau terminé est exposé à l'église *della Corona*. Le comte prétend encore avoir un autre grand ouvrage du même maître; mais je crois, sans ôter de son prix, devoir plus raisonnablement l'appeler un très-beau *Bassano*.

Nous dessinâmes la porte *del Castello* (pl. 38), qui offre le même genre de machiculi dont j'ai déjà parlé aux autres portes des villes où nous sommes passés : la vue des alentours est très-pittoresque; nous en prîmes une autre (pl. 39), où l'on voit à gauche un moulin à eau; des peupliers et d'autres arbres rendent la vue encore plus digne d'être observée par les paysagistes. On observe dans les environs de cette porte des fabriques qui méritent l'attention des architectes, et qui prouvent que ces artistes ne perdront pas leur temps dans cette ville, en lui accordant quelques mois du séjour qu'ils font à *Rome* et dans les autres grandes villes d'Italie. Le palais que le comte *Annibale Tiene* a fait ériger est un des plus beaux bâtiments particuliers qu'on voit ici : on croit que l'idée est de *Palladio*, et l'exécution de *Scamozzi;* le premier a laissé un honorable souvenir, dans ses ouvrages, à son propriétaire, en louant ses connaissances en architecture.

Il y avait ici autrefois une société d'agriculture, qu'on va bientôt rétablir. L'huile est très-chère dans ces contrées; ce qui fait qu'on a, depuis quelques années, commencé à cultiver avec succès le navet à l'huile.

J'ai vu chez un certain comte, dont le nom m'est échappé, une table qu'il avait fait faire de toutes les variétés de marbre du Vicentin. Mais, comme à l'ordinaire, on n'avait pas manqué de joindre à la classe des calcaires, toutes les substances minérales susceptibles d'un beau poli; un seul coup-d'œil jeté par l'homme instruit, ne laisse pas d'y découvrir des albâtres, des jaspes, et une quantité d'autres pierres que leur nature ne permettra jamais au naturaliste éclairé d'y admettre.

L'abbé *Parise*, qui porte le titre d'un des premiers orateurs d'Italie, avait la complaisance de nous faire voir sa jolie collection de tableaux; on y distingue particulièrement : 1º de *Rubens*, un Christ à la croix, demi-grandeur naturelle. L'expression de la tête est si parfaite, qu'on croit le voir mourir, quoiqu'il ne fait encore que souffrir. 2º D'*Hannibal Carrache*, un Christ en grandeur naturelle. 3º Un superbe *Perugino*, représentant la circoncision au temple; à droite le peintre s'est représenté lui-même avec huit de ses disciples. En tout vingt figures de quatre pieds, au fond le temple. Ce beau tableau du père de l'école italienne est signé de l'année 1504. 4º Magnifique *Nicolas Poussin*, le repos de la Vierge avec huit figures; au fond un très-beau paysage. 5º De *Corregio*, l'ange qui annonce à notre Seigneur son crucifiement; petit, mais très-beau morceau, dont son propriétaire fit l'acquisition à Rome. 6º De *Bassano* : Jésus-Christ qui multiplie les pains. Douze figures sont sur le devant, pendant qu'on en découvre encore d'autres dans le fond orné d'un beau paysage. 7º De *Spagnoletto*, un St. Barthélemy avec deux figures à côté; tableau en demi-grandeur. 8º Un charmant *Paolo Veronese*, une petite Vénus à qui Cupidon approche d'une manière pas trop décente. 9º et 10º De *Claude de Lorain*, un soleil levant et couchant. 11º De *Pietro Cortone*, une Vierge avec l'enfant, demi-grandeur naturelle. 12º Charmant petit *Albrecht Dürer*, la Vierge avec l'enfant et deux anges.

Nous rencontrâmes et parlâmes avec l'avocat *Francesco Beni*. Son poëme, *la Cometa*, qui a été publié dans un recueil des poésies de cet homme estimable, vient nouvellement de paraître à part. Cet ouvrage fit partout beaucoup de sensation : on le défendait même à *Vienne;* mais tant d'autres ouvrages ont déja subi ce sort, qu'on ne sait plus si l'on doit l'envisager comme un bonheur ou un malheur.

Le soir, au théâtre, les loges sont belles. L'opéra fut aussi mal exécuté que possible par une troupe vagabonde, qui, tout en ne voyageant que pour gagner de l'argent, oublie la perfection que leur talent ne peut acquérir que par l'expérience. Près de là une salle de redoute où tous les jeux de hasard sont introduits, des familles entières y trouvent leur ruine; et le contentement que le bonheur produit à une seule personne est souvent accompagné des larmes sanglantes de plusieurs douzaines d'hommes et de femmes, dont les maudissements poursuivent leur adversaire jusqu'à son dernier soupir. On devient plus que pauvre, tout en croyant courir à la fortune; on ouvre à ses semblables des portes qui ne mènent souvent qu'à la mendicité.

Vendredi 8 août, je causai beaucoup dans la matinée avec un abbé des Sept-Communes, dans les montagnes Veronèse et Vicentine. J'étais bien aise de m'entretenir quelques instants avec ce vénérable ecclésiastique, le temps ne me permettant pas de visiter les lieux mêmes, ce qui aurait été assez intéressant pour un Danois, comme on prétend toujours que c'est des descendants du reste de nos *Cimbres*, qui se refugièrent ici après la défaite qu'ils avaient éprouvée par Marius, 112 années avant la naissance de Jésus-Christ. Tous les mots de leur langage me paraissent bien d'un dialecte allemand-saxon, ce qui n'oblige cependant pas d'en faire des Saxons, mais qui doit seulement être attribué à ce que c'était le dernier endroit où ma nation avait séjourné en Allemagne. *Frédéric IV*, roi de Danemarck, et sa cour, prononcèrent la même opinion en 1707, à leur passage à *Vérone*. Une partie des troupes allemandes, qui traversaient ces montagnes, pensèrent de même.

Carli, dans son *Istoria della città di Verona*, sept volumes in 8º, parait douter de ce que leur origine vient des Cimbres. L'abbé *Berra* a écrit sur le même sujet; mais son ouvrage est aujourd'hui devenu très-rare. Une petite brochure très-intéressante, qui traite de la même matière, porte ce titre : *Dei Cimbri veronesi et vicentini di Marco Perro P. Veronese*, et dont la troisième édition, publiée en 1763, est augmentée d'un vocabulaire très-instructif. Le dernier ouvrage qui m'est connu sur notre peuplade du nord, est une dissertation d'un certain *Jean Costa*, employé au séminaire de *Padoue*, et qui est insérée dans le troisième volume de *Saggi scientifici e letterarii del' accademia di Padova*, publié en 1794. Le restant de nos Cimbres passent encore pour être des hommes très-vigoureux, comme l'on décrivit nos ancêtres. Il n'est permis d'en parler qu'à ceux qui descendent des montagnes. On a envoyé à Paris un muletier qu'on dit très-éloquent. La culture des pommes-de-terre n'y est introduite que depuis cinq ou six années. Une loi très-sage a été donnée à ce sujet : elle oblige chaque habitant de remettre, d'après la récolte, dans un endroit fixé de sa commune, une certaine quantité de ce fruit nourrissant, et qu'il ne peut retirer que vers le temps de la plantation suivante, pour qu'il ne lui en manque pas à cet usage, encore plus précieux pour l'avenir qu'utile à l'instant même.

Il doit paraître très-important, d'après le peu d'observations que j'ai été à portée de faire, que ces montagnes furent une fois visitées par un Danois instruit, en état de comparer l'extérieur de la figure de leurs habitants, leurs langages, leurs mœurs, et leurs costumes avec les nôtres; le tout en examinant avec un œil observateur l'analogie qui pourrait encore y exister.

Il y a ici plusieurs petites portes (pl. 40) que la conformité de construction paraît ramener toutes vers le même temps.

Le théâtre olympique attirera éternellement l'attention de l'homme scientifique, ou qui cherche un genre d'instruction qui remplit si agréablement nos loisirs.

La société olympique était une des plus anciennes académies savantes d'Italie; elle existait depuis 1555. Son nom et sa haute réputation s'agrandissaient tous les jours; mais il lui manquait un local convenable pour les grandes représentations théâtrales qu'elle desirait donner. Elle chargea *Andrea Palladio*, un de ses membres, d'en donner un projet digne d'accomplir ce but. Il le présenta en 1580, et y suivit en grande partie le plan qu'il avait déja observé dans une salle de spectacle qui avait été construite en bois. Trois mois après il n'exista déja plus, en ayant à peine jeté la première pierre et élevé les piedestaux du premier ordre. L'année suivante on confia l'exécution de ce grand projet au fils ou au petit-fils de son inventeur, à qui ce sublime monument parut plutôt avoir ouvert la tombe, que contribué à augmenter une haute réputation si dignement méritée par tant d'autres chefs-d'œuvre qui approcha son siècle à celui des Grecs et des Romains. *Scilla Palladio* en fut chargé, et quatre années de travail consécutif prouva qu'on ne s'était pas trompé dans son choix : il présente le théâtre parfaitement achevé sur le plan de son maître, et fait oublier pour un instant la perte d'un parent chéri.

L'église *de' Reformati* (Pl. 41) qui est occupée par une branche du même ordre que les Français appellent *Franciscains*, est d'une construction noble, mais simple. Des discussions religieuses ont autrefois occasionné cette dénomination, que cette petite description empêchera dans l'avenir de confondre avec les Calvinistes, qui en langue française portent souvent un nom qui y approche. La position du *pont de' tre Rematori della Barca* (Pl. 42) présente une vue aussi pittoresque qu'agréable; la grandeur ainsi que la régularité qu'offre l'ensemble de son arc l'ont toujours fait admirer comme l'un des plus beaux de cette ville.

A l'église *San Michele* (Pl. 43) la construction extérieure plaît beaucoup : on y voit plusieurs tableaux ; les fabriques environnantes sont d'un bon goût; le tout est situé près de *la porta di Padova*.

Le *ponte di Pusterla* (Pl. 44) mérita aussi bien l'attention que les autres que j'ai déja donnés de ce genre ; la vue que j'en présente en est une preuve.

L'abbé *Pedoni* a des connaissances dans l'histoire naturelle, je trouvai sur-tout extraordinaire dans sa collection une petite tête de poisson, qu'il a découverte lui-même dans une touffe volcanique à *Monte del Crosetta*, distante à deux milles de *Vicence*.

Samedi 9 août, je vis avec un certain intérêt *Marco Possetto*, ami éclairé de *Fortis*, à qui l'histoire naturelle a tant d'obligation. Je croyais encore trouver chez *Fransechini* les deux grandes roues conduites par l'eau pour filer et dévider la soie; mais les malheurs de la guerre en avaient pour le moment fait interrompre l'usage. Cette grande mécanique avait autrefois été très-utile à une ville qui fait un commerce si considérable de soieries avec une grande partie de l'Allemagne.

Le *Cloître de San Domenico* (pl. 45) est une des constructions les plus belles que cet ordre possède dans la haute Italie, que je viens de parcourir. Une assez jolie colonne anime la place.

Dimanche 10 août, nous vîmes la *porta Lupia* (pl. 46); elle donne une idée favorable du bon goût des architectes de cette ville, dont une grande partie est agréablement animée par le passage de deux petites rivières. Les fabriques (pl. 47) autour de cette porte sont d'une bonne architecture; et pas loin de là on voit (pl. 48) *il ponte Fura*. La famille *Tornieri* porte un nom connu dans la littérature italienne; je fis la connaissance d'un d'eux, le comte Arnaldo Arnaldi, qui a une belle collection de pétrifications, et possède quelques pierres anciennes avec des inscriptions, dont une devient sur-tout intéressante pour la ville, en indiquant que *Vicence* était déja une ville sous l'empire de Trajan. Ce poète publia en 1787, plus de 250 sonnets à l'occasion de la mort de son fils le premier né. Une douce sensibilité règne dans ce petit recueil, qui honore le cœur d'un tendre père si cruellement blessé, que l'idée de l'éternité fut seule en état de le consoler pour un instant. Il chanta plusieurs sujets analogues à l'agriculture : *la Caccia della Lepre* (la chasse du lièvre) ne parut qu'en 1799, pendant qu'on avait déja fait imprimer en 1794, son poëme: *Il Ragne* (l'Arénie), ouvrage plein de tendresse et de facilité. *Virgile* l'avait déja occupé dans sa jeunesse, il imprima son *Énéide* en italien dans l'année 1779 ; son fils, *Arnoldo Giacomo*, donna en 1786 une traduction de *Bucolica*, pendant que son oncle en avait déja donné la *Géorgique*. Les italiens possèdent ainsi dans leur propre langue un Virgile complet, sortit des mains de la même famille.

Quant à l'histoire et à la politique, *Vicence* partagea toujours le sort des autres villes vénitiennes.

FIN DU PREMIER VOLUME.

Vue de Gondo sur la route du Simplon.

Vue de l'École mutuelle aux Bains des Brosses.

Vue de l'Isola bella une des îles Borromées.

Vue de l'Église de Loure sur les bords du Lac Majeur.

Vue générale de la Mégara.

Vue pittoresque d'un des faubourgs de Milan.

Vue de Camarino sur le Lac de Côme.

L'Eglise de Nobiallo sur le Lac de Come.

Vue de Lamlash sur le Lac de Come

Auberge à Nesso, sur le Lac de Côme.

Vue de la Pliniana sur le Lac de Come.

Intérieur de la Pliniana.

Le Pont du Jura à Genève.

Vue du Castel del Giuffo.

Vue de l'Eglise Saint Jean a Soleure

Vue du Fort de Capouzroux à Varna.

Couvent de ght. Reformats à Parme.

La chapelle de la Madonna della Scala a Siena.

Vue de Pielala, partie de Virgule.

La grande place à Bergame

Le Couvent de S.te Agostino à Bergame.

Church of Wrington in Somerset.

Le Pont della Pietra à Verone

Eglise de S.te Croix/Chrestien à Vienne

Porta Pergola a Verona

Moulin pris de la Porte de la Citadelle de Vienne.

Porte de Vienne.

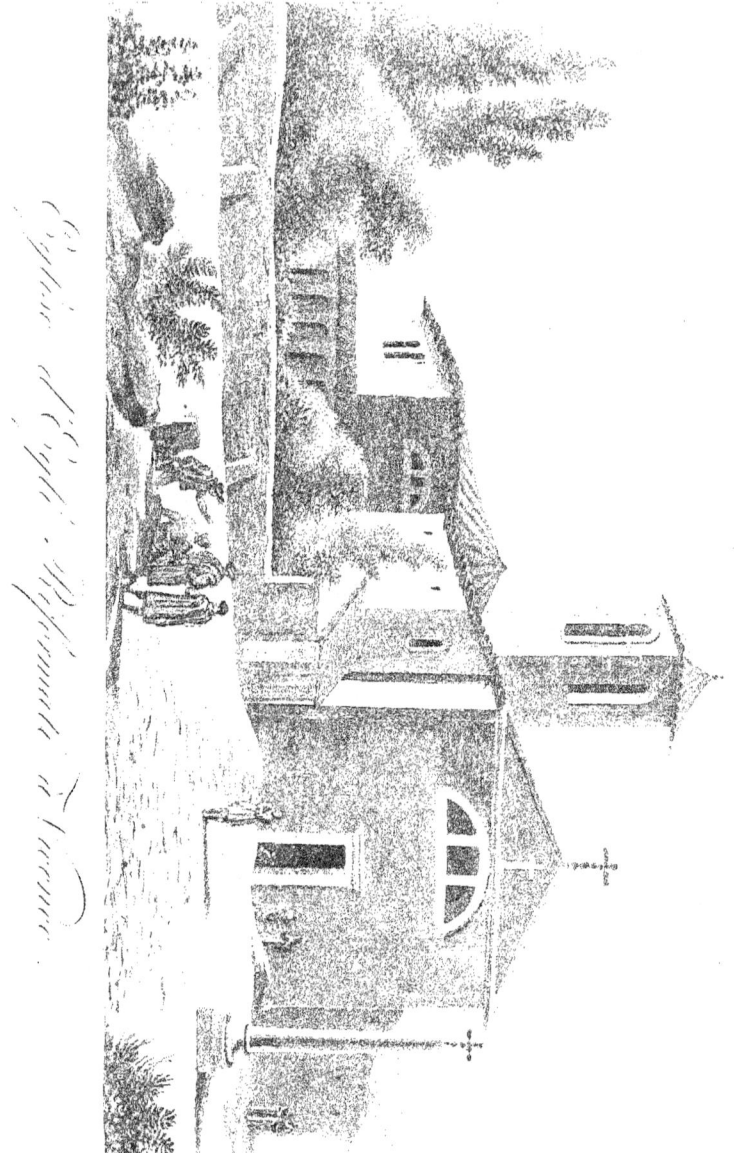

Veduta della Fontana della Rocca di Lucca

(Hôtel de Sainte-Geneviève à Louvain.)

Fabrique à Livourne.

Habitation dans les bois, vue à l'entrée.

www.ingramcontent.com/pod-product-compliance
Lightning Source LLC
Chambersburg PA
CBHW070516100426
42743CB00010B/1836